Wolfenbüttel 2023

Peter Burschel, Sarah Janke,
Alexandra Serjogin (Hrsg.)

Der rote Faden

Künstlerbücher der Herzog August Bibliothek
(2000 – 2020)

Bibliografische Information der Deutschen Nationalbibliothek:
Die Deutsche Nationalbibliothek verzeichnet diese Publikation in der Deutschen Nationalbibliografie; detaillierte bibliografische Daten sind im Internet über *http://dnb.dnb.de* abrufbar.

Bibliographic information published by the Deutsche Nationalbibliothek:
The Deutsche Nationalbibliothek lists this publication in the Deutsche Nationalbibliografie; detailed bibliographic data are available on the Internet at *http://dnb.dnb.de*.

Gedruckt auf alterungsbeständigem, säurefreiem Papier.

Vertrieb: Harrassowitz Verlag in Kommission, www.harrassowitz-verlag.de
Druck: Memminger MedienCentrum Druckerei und Verlags-AG, Memmingen
Gestaltung: Birgit Kosmale und Gudrun Schmidt, Herzog August Bibliothek
Printed in Germany

ISBN 978-3-447-11938-2

Inhalt

Der rote Faden

Als der Schriftsteller und Bibliothekar Erhart Kästner 1968 die Herzog August Bibliothek verließ, die er fast zwanzig Jahre lang geleitet hatte, überreichte er seinem Nachfolger Paul Raabe einen Text mit Erfahrungen, Gedanken und Ratschlägen. Kästner entwarf in diesem Text – »An meinen Nachfolger« – seine Bibliothek der Zukunft als »Bibliotheca illustris«. Das Bücherhaus in Wolfenbüttel, so Kästner, sei »zu nichts verpflichtet ... außer zu sich selbst«; das aber heiße: zur »Bibliotheca illustris«, zur »schönen Bibliothek«. Was Kästner darunter verstand, lässt neben dem Umbau des Bibliotheksgebäudes vor allem der Aufbau der Malerbuchsammlung erkennen. In seinem Text an den Nachfolger hielt Kästner nachdrücklich fest: »Eine Bibliotheca illustris im Auge, habe ich es für richtig gehalten, ein Sammelgebiet zu pflegen, das sich nur wenige Bibliotheken gestatten: ich meine das große illustrierte Buch des 20. Jahrhunderts«.

Das »große illustrierte Buch des 20. Jahrhunderts« bezeichnete Kästner zumeist als »Livre de peintre« bzw. als »Malerbuch«. Heute sprechen wir zumeist von »Künstlerbuch«, weil »Maler« und »Autor« oft genug ein und dieselbe Person sind; ganz davon abgesehen, dass wir bereits seit den siebziger Jahren des vergangenen Jahrhunderts eine zunehmende Hybridisierung der Gattung beobachten können. Kästner selbst ließ nie einen Zweifel daran, dass das Malerbuch mehr sein müsse als »schön« und »gut ausgestattet«. In einem Aufsatz aus demselben Jahr wie der Text an seinen Nachfolger wies er dem Malerbuch die Aufgabe zu, den Blick auf eine Dichtung zu eröffnen, »der vorher nicht da war«. Gleichzeitig verstand er die Malerbuchsammlung als »Gegenwelt«, ja, als »surreale Gegenwelt« zum »verwissenschaftlichten« Bibliotheksbetrieb seiner Zeit.

Obwohl jeder der drei Direktoren seit Kästner ganz eigene Akzente gesetzt hat, blieb doch sein programmatisches Credo des »Blickwechsels« durch das Malerbuch sammlungsleitend. Ein Credo, das immer wieder auch dazu beigetragen hat, verborgene Bestandszusammenhänge, Motivkonstellationen und Wissensordnungen sichtbar zu machen. Ja, fast möchte man dieses Credo als »roten Faden« der Sammlung bezeichnen, der nach Goethe bekanntlich wie in den Tauwerken der englischen Marine »durch das Ganze« geht, ohne dass es möglich wäre, ihn ohne Schaden herauszulösen.

Das Credo des produktiven – und damit auch irritierenden, wenn nicht verstörenden – Blickwechsels ist zugleich ein Kriterium für die Auswahl der 20 Künstlerbücher gewesen, die hier präsentiert werden: eine Auswahl aus insgesamt über 650 Künstlerbüchern, die in den Jahren von 2000 bis 2020 in die Sammlung der Herzog August Bibliothek eingegangen sind. Weitere Kriterien waren Materialität, Aktualität und Internationalität, wobei grundsätzlich Unikate bzw. kleinste Auflagen bevorzugt wurden. Hinzu kam die Frage nach der »Bedeutung« einzelner Werke (und Künstlerinnen und Künstler) für die Entwicklung der Sammlung der Herzog August Bibliothek, die heute insgesamt fast 2.300 Künstlerbücher umfasst. So ist zum Beispiel eine Zunahme von Künstlerbuch-Erwerbungen aus den Vereinigten Staaten zu beobachten, was vor allem seit der Wende vom

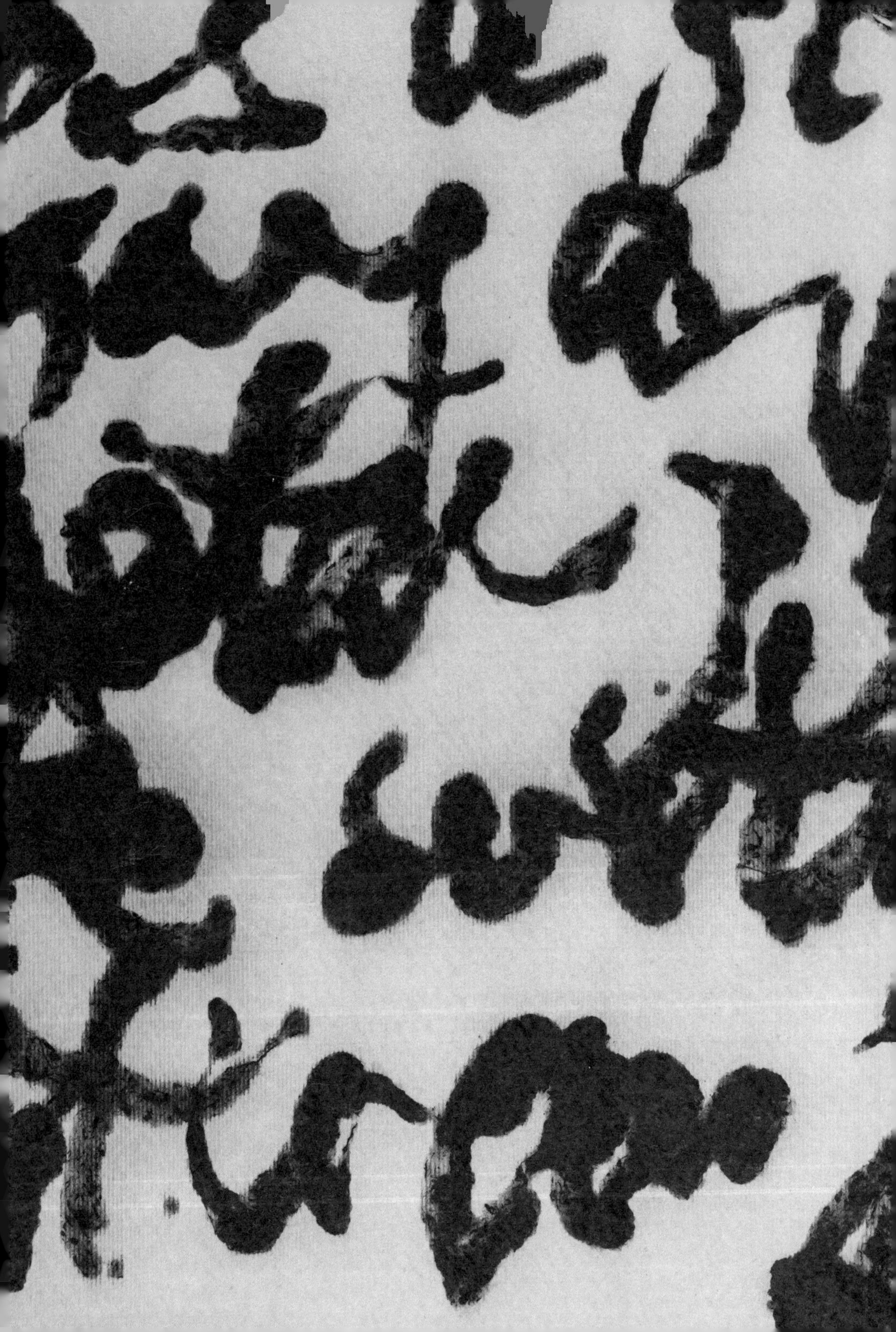

20. zum 21. Jahrhundert dazu beitrug, dass die Sammlung deutlich politischer wurde. Gleichzeitig stand von Anfang an außer Frage, dass die Auswahl auch die vielfältigen Metamorphosen der »Gattung« Künstlerbuch über den Bestand in Wolfenbüttel hinaus zu berücksichtigen habe, was nicht zuletzt der Zielrichtung des Künstlerbuchpreises entspricht, der seit 2018 gemeinsam von der Herzog August Bibliothek und der Curt Mast Jägermeister-Stiftung verliehen wird.

Die vorliegende Auswahl knüpft zeitlich an den 2004 erschienenen Künstlerbuchkatalog an, den Werner Arnold erarbeitet hat, wollte aber bewusst keine erschließenden oder dokumentarischen Akzente setzen. Im Gegenteil: Die 20 Künstlerbücher, die hier gezeigt und vorgestellt werden, sollen in erster Linie dazu dienen, exemplarisch die Vitalität der Gattung vor Augen zu führen. Erhart Kästner hat am Ende seiner Amtszeit einmal davon gesprochen, dass die »heroische Zeit« der Gattung Künstlerbuch vorbei sei. Ob man diese Einschätzung teilen will oder nicht, eines sollte die vorliegende Auswahl zeigen: Es gibt auch eine »postheroische Zeit« der Gattung, die eine ganz eigene Kultur des Blickwechsels hervorgebracht hat und die im Grunde noch zu entdecken ist – nicht nur in Wolfenbüttel.

Ohne die Hilfe unserer Kolleginnen und Kollegen in und in Sichtweite der Herzog August Bibliothek hätte dieses Buch nicht entstehen können. Zu nennen sind vor allem Hartmut Beyer, Birgit Kosmale, Katharina Mähler, Lisa Neumann, Gudrun Schmidt, Claudia Schmitz, Andrea Swiderski und Michaela Weber. Marie von Lüneburg, Jürgen May und Susanne Padberg haben uns mit Beiträgen unterstützt. Ihnen allen möchten wir ganz herzlich danken.

Wolfenbüttel, im Juli 2023

Peter Burschel
Sarah Janke
Alexandra Serjogin

ECKHARD FROESCHLIN

Pablo Antonio Cuadra, El Nicán-Náuat

2003

Es war in Managua (Nicaragua). In einer kleinen Buchhandlung am Hauptmarkt sah sich der Künstler Eckhard Froeschlin (geb. 1953) von zahlreichen hektografierten Heften umgeben, die wohl Lesestoff für Wochen und Monate bieten würden. Er holte ein Heft aus dem Regal, und die Sprachmelodie des Geschriebenen fesselte ihn sofort. Es war ganz anders als alles, was er zuvor gelesen hatte. Begeistert von seinem Fund erkundigte er sich an der Theke nach dem ihm unbekannten Dichter. Die Antwort: ein Lachen. Wie könne er das nicht wissen? Es handle sich doch um die Lyrik des »el Poeta«!

El Poeta, so nennt man den berühmtesten zeitgenössischen Dichter Nicaraguas, Pablo Antonio Cuadra (1912 – 2002). Froeschlin kontaktierte den Dichter mit dem Vorhaben, die in der Buchhandlung entdeckten Gedichte zu edieren. Es waren die jüngsten Verse Cuadras und, was zu diesem Zeitpunkt noch unbekannt war, es sollten auch seine letzten sein. Es entstand ein reger Kontakt zwischen Künstler und Dichter: mehrere Telefonate und Mails sowie ein vergeblicher Besuch, bei dem Cuadra Froeschlin aufgrund seines schlechten Gesundheitszustands nicht empfangen konnte. Der Dichter hatte genaue Vorstellungen: Seine Lyrik solle von Günther Schmigalle (geb. 1946) ins Deutsche übertragen werden. Der deutsche Bibliothekar lebte viele Jahre in Nicaragua und reorganisierte in dieser Zeit die Nationalbibliothek in Managua. Er übersetzte außerdem das Werk von Rubén Darío (1867 – 1916), welches als der Beginn der modernen Lyrik in Lateinamerika angesehen wird.

Froeschlin folgte diesem Wunsch. Und so findet man in dem 2003 entstandenen Künstlerbuch »El Nicán-Náuat« auf den Recto-Seiten die Gedichte von Pablo Antonio Cuadra im Original, auf den Verso-Seiten aber die Übersetzung von Günther Schmigalle. Es ist ein Zyklus von fiktiven Dialogen eines Häuptlings mit anderen Häuptlingen, Stammesangehörigen, Missionaren und Militärs. Der Zyklus gibt den Verlauf der spanischen Eroberung Lateinamerikas vollständig wieder. Die Veränderung der Kultur und die Fragen der Identität rücken dabei in den Vordergrund der Dialoge.

Die 25 Exemplare, von denen die Herzog August Bibliothek das zwölfte besitzt, wurden von Roger Green handgebunden. Der monotype Satz der Texte erfolgte durch Heiner Buser. Die Radierungen von Eckhard Froeschlin schmücken die Seiten auf zweifache Weise: Kleine Vignetten in Schwarz-Weiß trennen die einzelnen Dialoge voneinander. Diese Formen stammen von den Grabstätten der Häuptlinge auf der Insel Ometepe, dem mythischen Ursprungsort der Nicaraguaner*innen. Die Insel, die aus zwei Vulkanen besteht, bildet auch über die kleinen Formen hinaus ein wiederkehrendes Motiv im Künstlerbuch. Neben den kleinen Vignetten finden sich im Buch sieben große Radierungen von Froeschlin, die zum Teil auf einem Goldgrund umgesetzt wurden und als

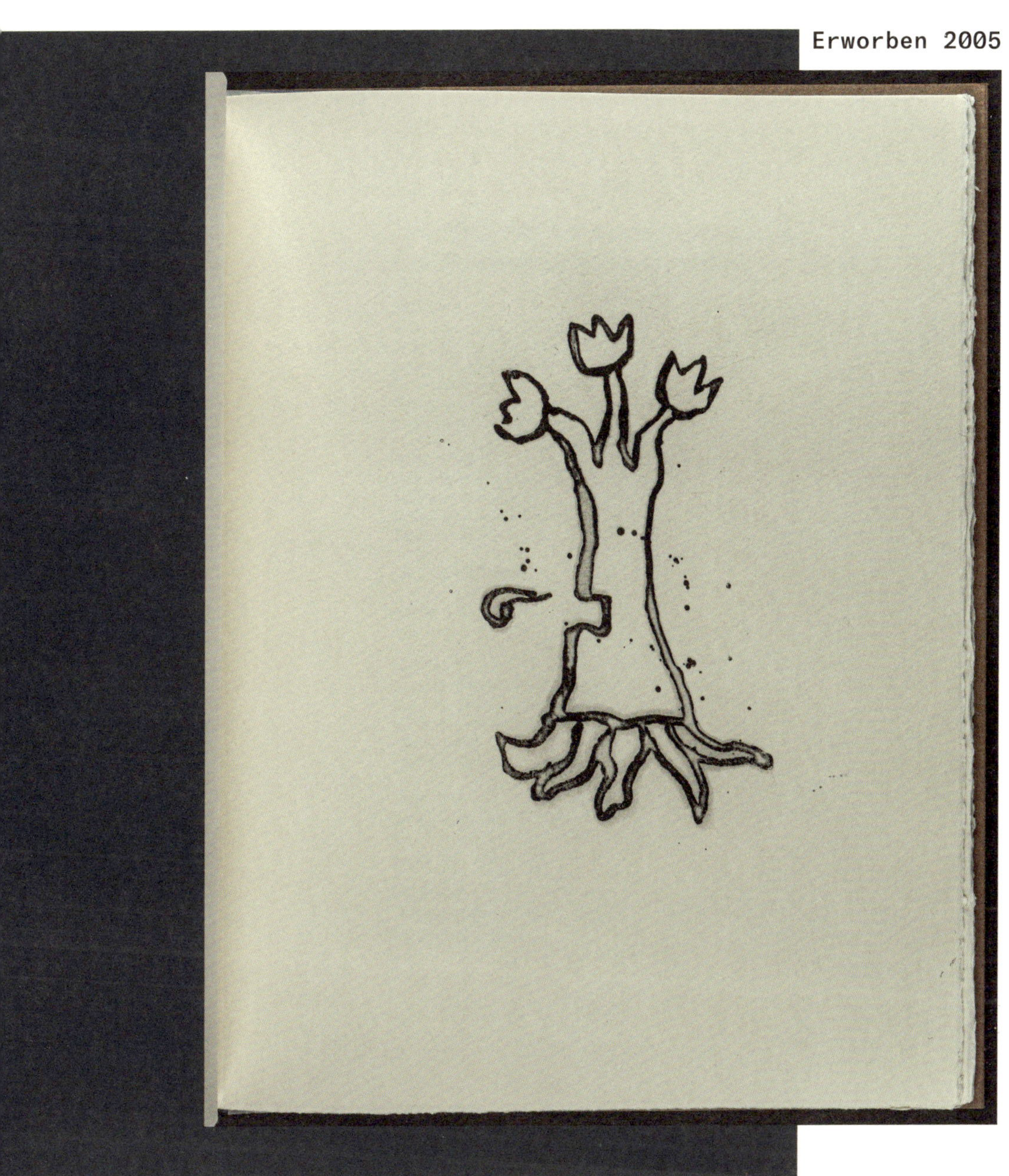

Eigenzitat auf das frühere Werk des Künstlers verweisen. Diese Radierungen entstanden in Deutschland und basieren im Gegensatz zu den Vignetten nicht auf Gesehenem und Erlebtem.

Die durch Froeschlin aufwendig umgesetzte Edition seiner Verse konnte Pablo Antonio Cuadra nicht mehr betrachten. Als sich der Künstler 2002 auf den langersehnten

Besuch vorbereitet, erhält er einen Anruf: Ein Besuch sei nicht möglich. El Poeta sei verstorben. Seine Lyrik lebt jedoch weiter. Unter anderem in einer Ausgabe der Edition Schwarze Seite in der Herzog August Bibliothek.

Eckhard Froeschlin arbeitet seit 1980 als freischaffender Künstler in den Bereichen Radierung, Buchdruck, Malerei und Skulptur. 1991 gründete er gemeinsam mit Anne Büssow die EDITION SCHWARZE SEITE in Wuppertal, die er seit 2012 allein betreibt.

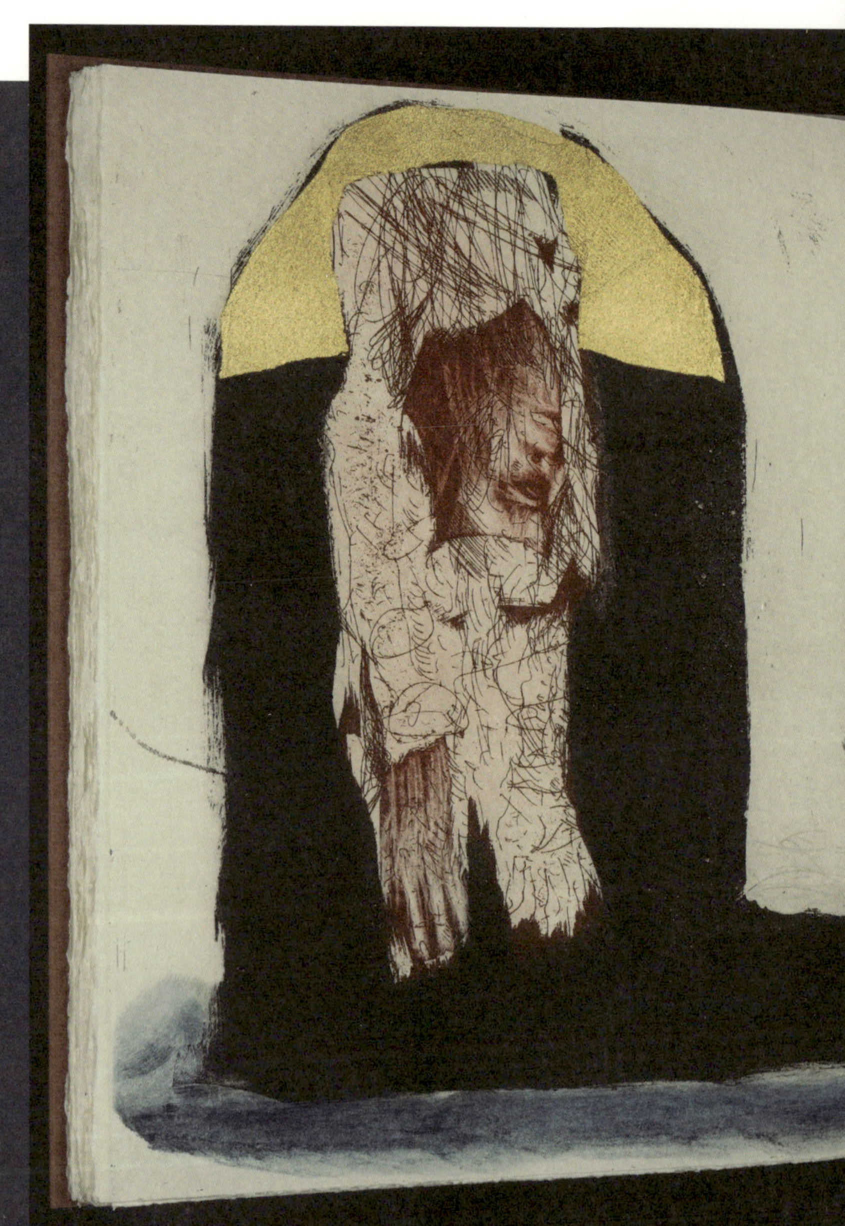

Die Edition ist eine Künstler-Handpresse, in der Bücher und Mappen von Künstler*innen in kleinen Auflagen, im Bleisatz und mit Original-Druckgrafik, erscheinen. Der Aufbau und die Betreuung einer Künstler-Druckwerkstatt in Matagalpa (Nicaragua) ist ein weiteres erfolgreiches Projekt der Edition und des dahinterstehenden mehrfach ausgezeichneten Künstlers.

Alexandra Serjogin

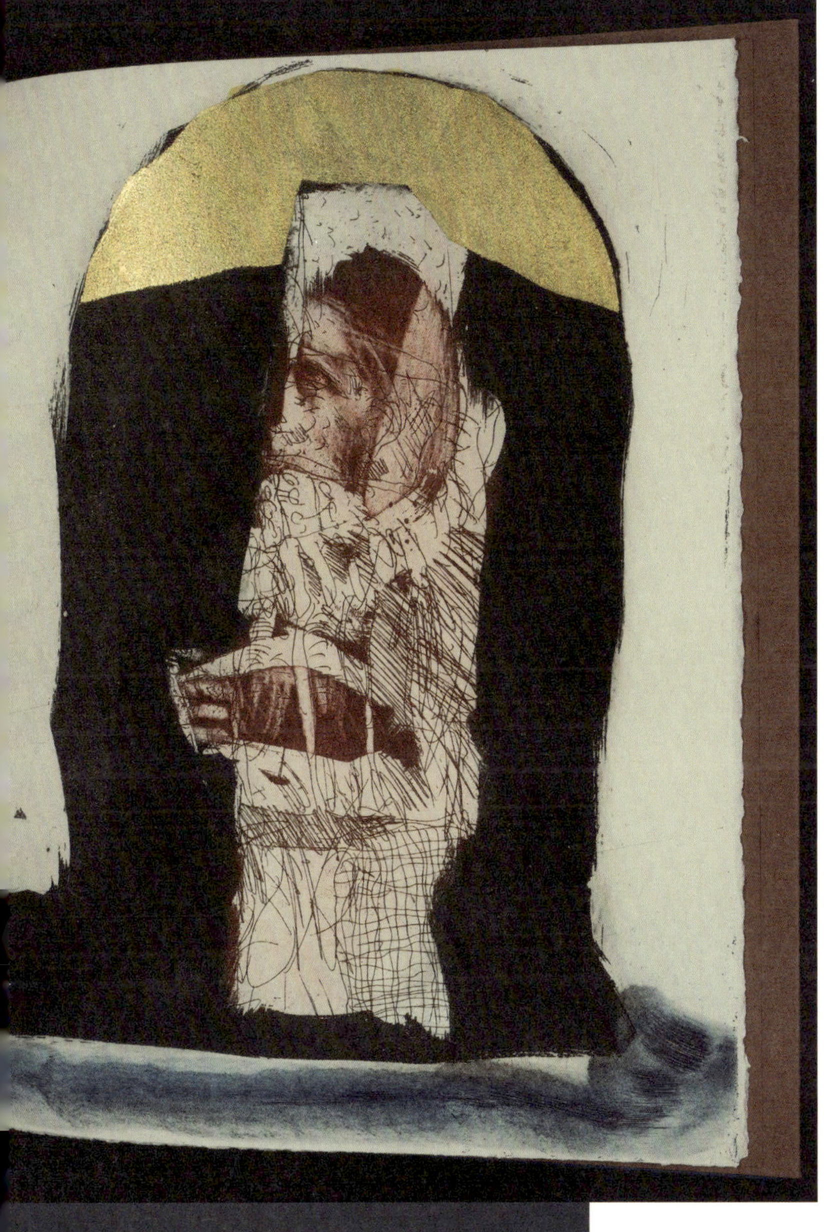

FELIX MARTIN FURTWÄNGLER

Ars Libell Mondial

2004

Der grüne Schuber warnt mit schwarzer Aufschrift: »Attention Poesieendlager«. Der Papierschutz trägt die Aufschrift »Vorsichtig! Aus ästhetischen Gründen zu geklebt [sic!]«. Ein Ausruf, der geradezu dazu auffordert, sich gegen den Künstler zu stellen, um das Künstlerbuch zu öffnen.

Das Buch ist durchzogen von verschiedenen Techniken und Materialien, die in ihrer nuancierten Mischung sowohl die künstlerische Aussage als auch die Qualität der einzelnen Drucke in einem visuellen Spiel hervorheben. Die Schriftbilder und Druckgrafiken sind beeinflusst von dadaistischen Wortspielen.

Felix Martin Furtwängler (geb. 1954) zitiert aus dem Buch »Die Kunst und die Revolution« von Gustav Pauli aus dem Jahr 1921, das in der Folge des Ersten Weltkriegs eine neue Perspektive auf den Fortgang der modernen Kunst mit revolutionärem Potenzial richtet. Die Wirkung der Texte wird durch ihre visuellen Qualitäten gesteigert: Sie sind Symbole und Chiffren, die menschliche Gestalten drängen, herausfordern und umringen. Die Parolen und Losungsworte gehen als Textfragmente in die Bildthemen über, begrenzen diese jedoch nicht, sondern erweitern sie. Die Unordnung involviert die Leser*innen in einen Denk- und Wahrnehmungsprozess, in dem sich Schrift und Bild nicht mehr voneinander trennen lassen.

Als Grafiker und Drucker führt Furtwängler spielerisch Hoch- und Tiefdruck zusammen, die Buchstaben mit ihrer prägnanten Farbgebung in Blau, Gelb und Rot lenken das Auge wie Spuren, die von Seite zu Seite führen. Ab und zu scheinen dann die zitierten Sätze auf, die im Zusammenspiel mit dem Bildgeschehen erahnen lassen, dass hier eine Auseinandersetzung mit der Kunst im gesellschaftlichen Kontext, dem Kunsthandel und dem eigenen leidenschaftlichen Antrieb angestrebt wird.

Allerdings finden sich auch vereinzelte Drucke im Künstlerbuch, die als in sich geschlossene Bilder bestehen und die Handschrift von Furtwängler am deutlichsten tragen. Hierbei handelt es sich in den meisten Fällen um menschliche Gestalten, die aufgrund ihrer druckgrafisch bedingten Reduktion durch ihre Umrisse definiert sind. Im Seitenverlauf erscheinen sie insofern ungewöhnlich, als sie sich aus dem Textgeflecht herauslösen und durch charakteristische Formformulierungen dem Auge einen Ruhepunkt bieten. Als Kontrapunkt werden neben den Arbeiten von Furtwängler immer wieder Bildzitate und Interpretationen von Werken von Ernst Ludwig Kirchner, Francisco de Goya, Max Beckmann und Vincent van Gogh arrangiert. Diese sind in ihrer Ausführung als ikonografische Momente aus der Kunstgeschichte erkennbar. Gleichzeitig sind sie von der Ausführung Furtwänglers vereinnahmt, sodass sie nicht im Vordergrund stehen, sondern vielmehr von den Buchstaben und der Handschrift des zitierenden Künstlers durchdrungen werden. Am eindringlichsten sind dabei die Selbstporträts, die verdeutlichen, dass die Auseinandersetzung des Künstlers mit sich selbst zugleich eine mit dem Zeitgeschehen ist.

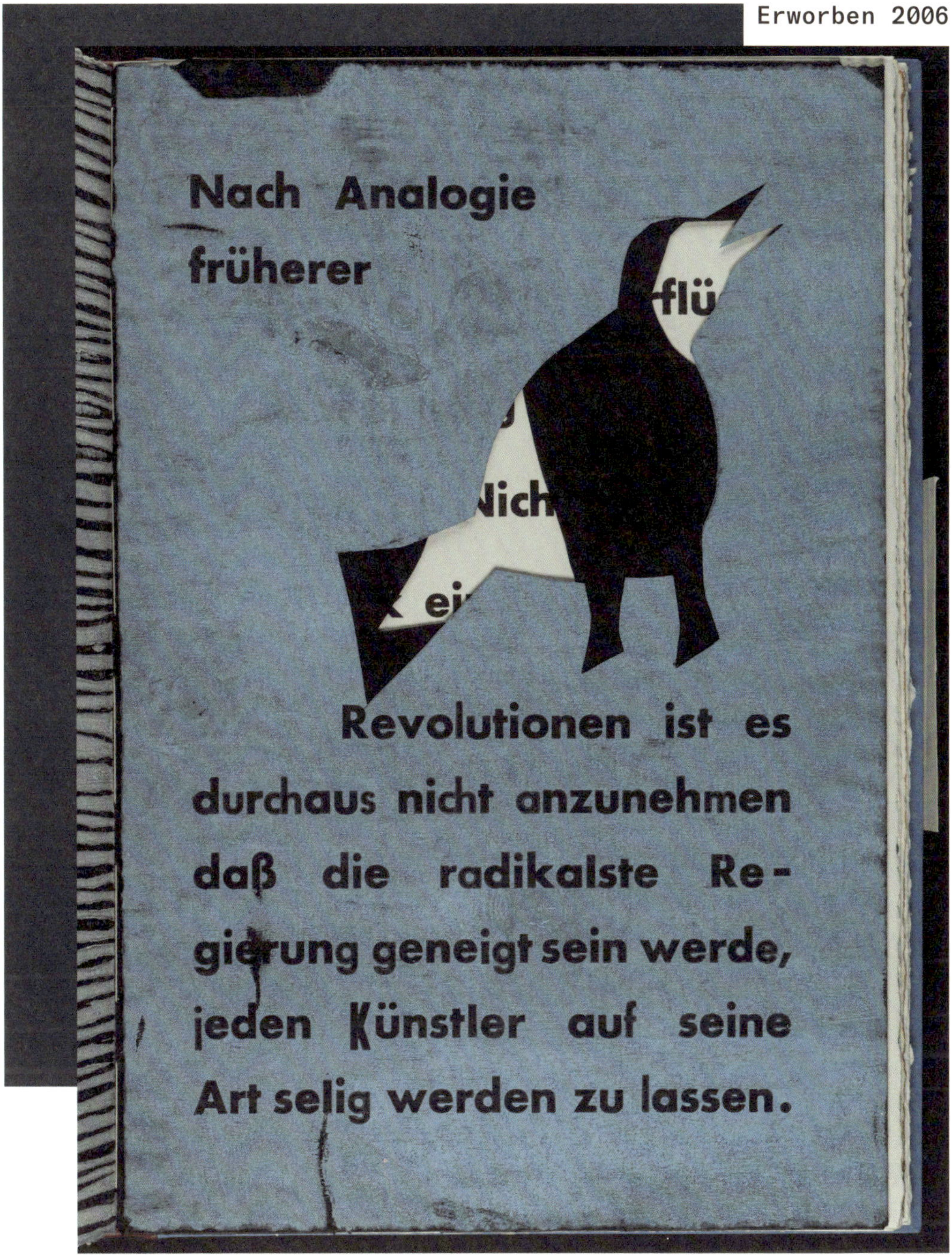

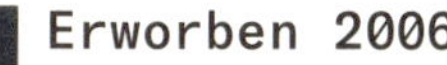

Erworben 2006

Das Künstlerbuch »Ars Libell Mondial« kann als visuelles Rätsel verstanden werden. Die Betrachter*innen können die Papierstücke virtuell vervollständigen, bis sich auch die letzte Aussage »PENG« in ihrem Sinn verschließt oder offenbart.

Jürgen May

OLAF WEGEWITZ

Fauna der Antarktis

2005

Muscheln, Einzeller, Schnurwürmer, Igelwürmer, Seesterne, Seeigel, Rankenfüßer, Asselspinnen, Borstenwürmer, Flohkrebse, Meeresmilben, Schwämme, Tentakelträger, Schnecken, Seeanemonen, Steinkorallen, Kammerlinge, Kelchwürmer, Seescheiden, Schlangenwürmer: Auf 27 Bogen breitet Olaf Wegewitz (geb. 1949) die sehr bunte und sehr krabbelnde Welt unter dem Eis der Antarktis aus. Die Tiere sind mit Schablonen, Handzeichnungen, Scherenschnitten und Holzschnitten umgesetzt und die farbigen Bogen im Gelatinedruck gedruckt. Jedem Tier wurde eine Nummer zugeteilt; auf eingebundenen Textseiten finden sich wie in einem Glossar die korrekten zoologischen Bezeichnungen der Lebewesen. Diese Bezeichnungen sind Jürgen Siegs und Johann Wolfgang Wägeles Buch »Fauna der Antarktis« entnommen und von Wegewitz teilweise eigenständig fortgeführt worden. Ganzseitige farbige Abbildungen unterbrechen die Bestandsaufnahme und bringen gemalte Details zur Geltung, beispielsweise des Meeresbodens mit Algen oder auch schwarz-weiß gezeichnete Tiere. Olaf Wegewitz hat sein Künstlerbuch mit einer aufwendigen Papierlaschenbindung versehen.

Die Antarktis ist eine am Südpol gelegene Land- und Meeresfläche und die lebensfeindlichste Region der Erde. Lebewesen jedweder Art sind abhängig von den Nahrungsketten der Ozeane, die diesen Kontinent umgeben. Der Festlandbereich der Antarktis bildet mit ca. 14 Millionen Quadratkilometern die weltweit größte Eiswüste. Menschliche Einflüsse bedrohen das intakte Ökosystem, die Mikrotiere leben dort seit Millionen von Jahren. Beim ersten Blick in das Künstlerbuch entsteht der Eindruck eines sehr bunten Tierbilderbuches – kleine Abbildungen verschiedener Würmer und Krebse. Doch das ist nicht die Absicht des Künstlers. Es ist der Respekt vor der Natur, der ihn reizt, sie möglichst naturalistisch darzustellen.

Olaf Wegewitz setzt sich in seiner Kunst als Zeichner und Maler vor allem mit dem Verhältnis zwischen Kultur und Natur auseinander. Er ist gelernter Traktorenschlosser und kam in der DDR mit den Strömungen der widerständigen Kunstszene in Berührung. Bücher, Papier, dessen Herstellung und Restaurierung sowie die Natur als Motiv entwickelten sich immer mehr zum Zentrum seines Schaffens. Wegewitz ist auch Naturschützer. Er beobachtet selbst die unauffälligsten Erscheinungen im Tier- und Pflanzenreich, zeichnet sie auf und verbindet in seinen Künstlerbüchern mikroskopische Beobachtung und globale ökologische Zusammenhänge.

Marie von Lüneburg

Erworben 2007

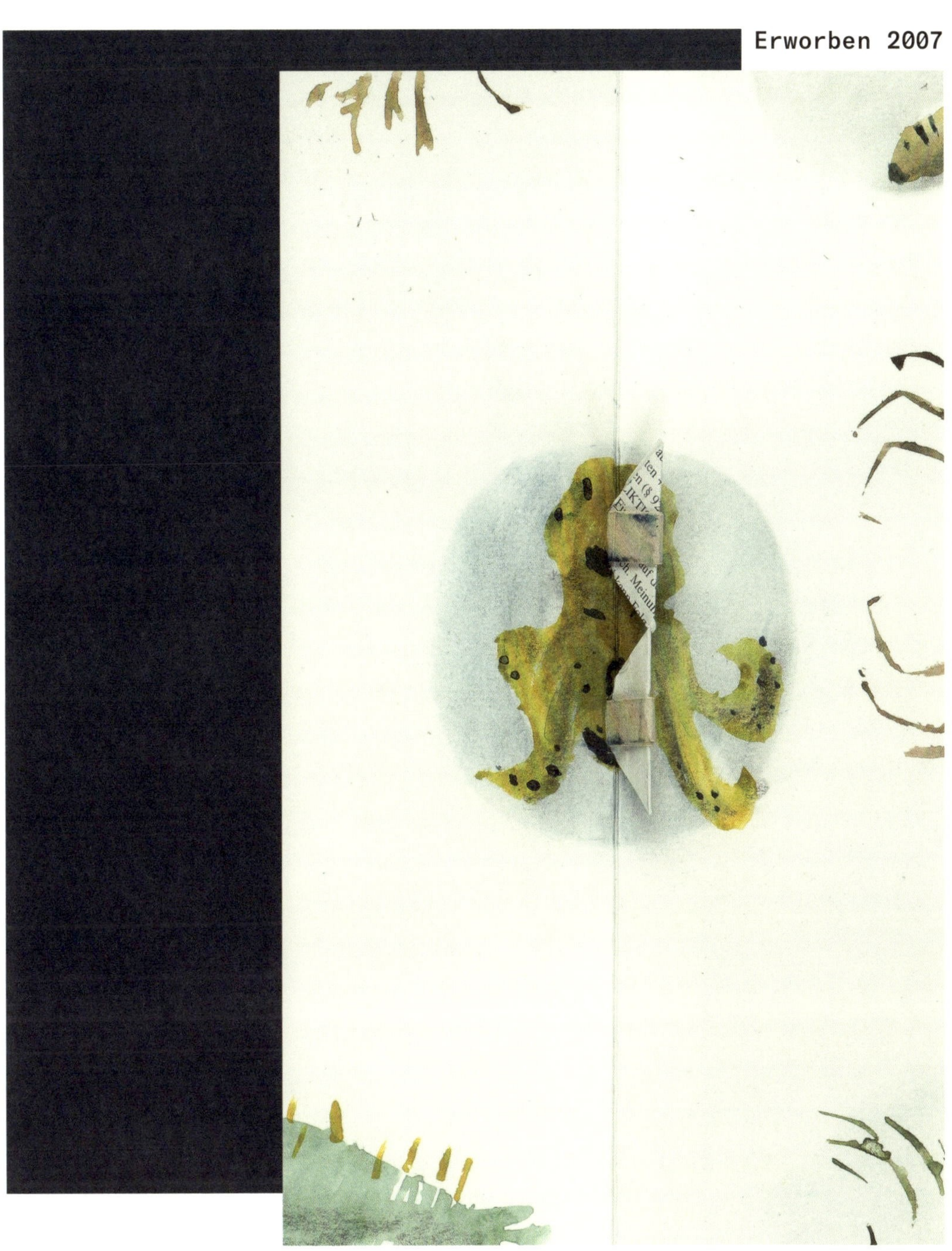

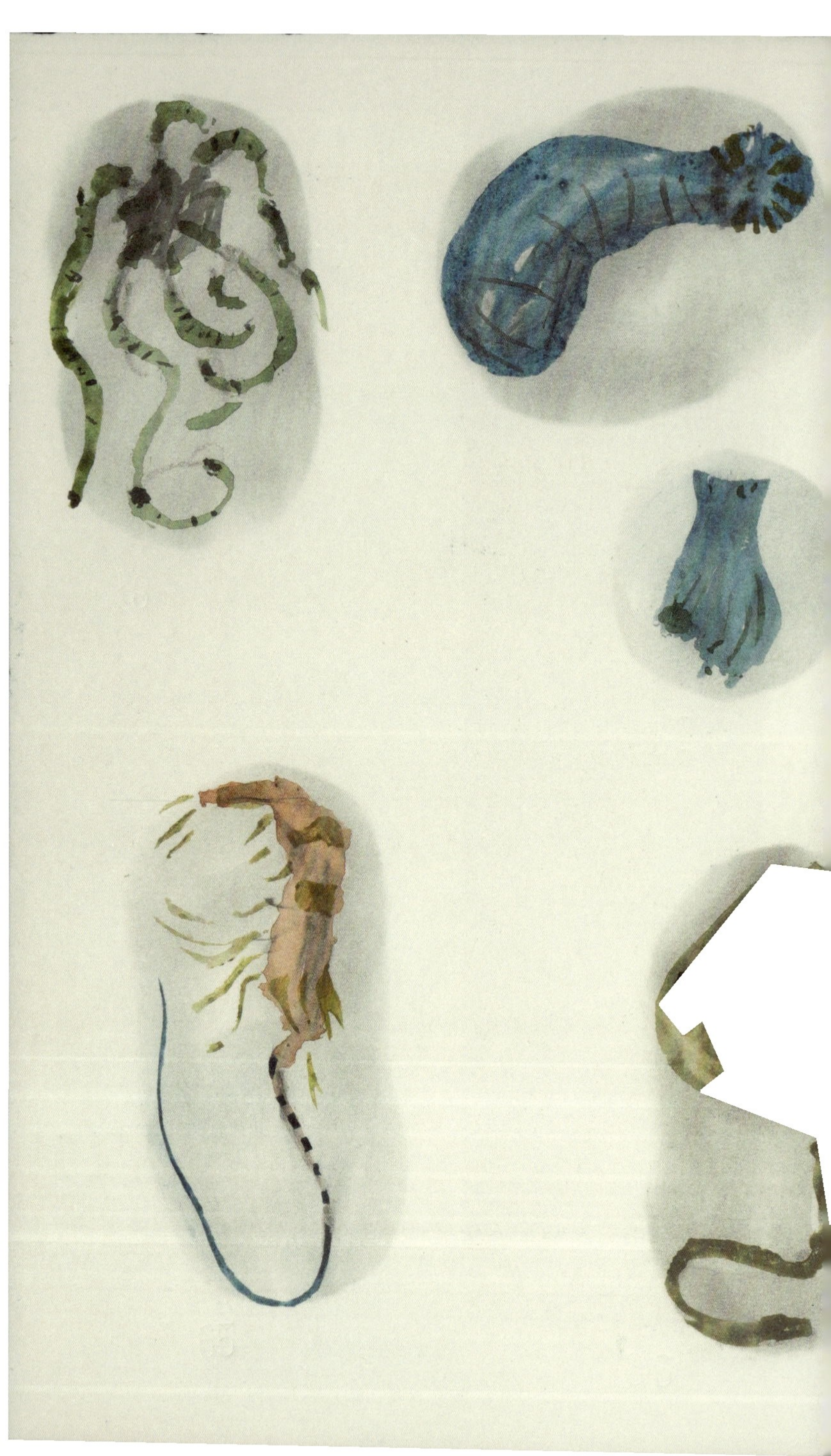

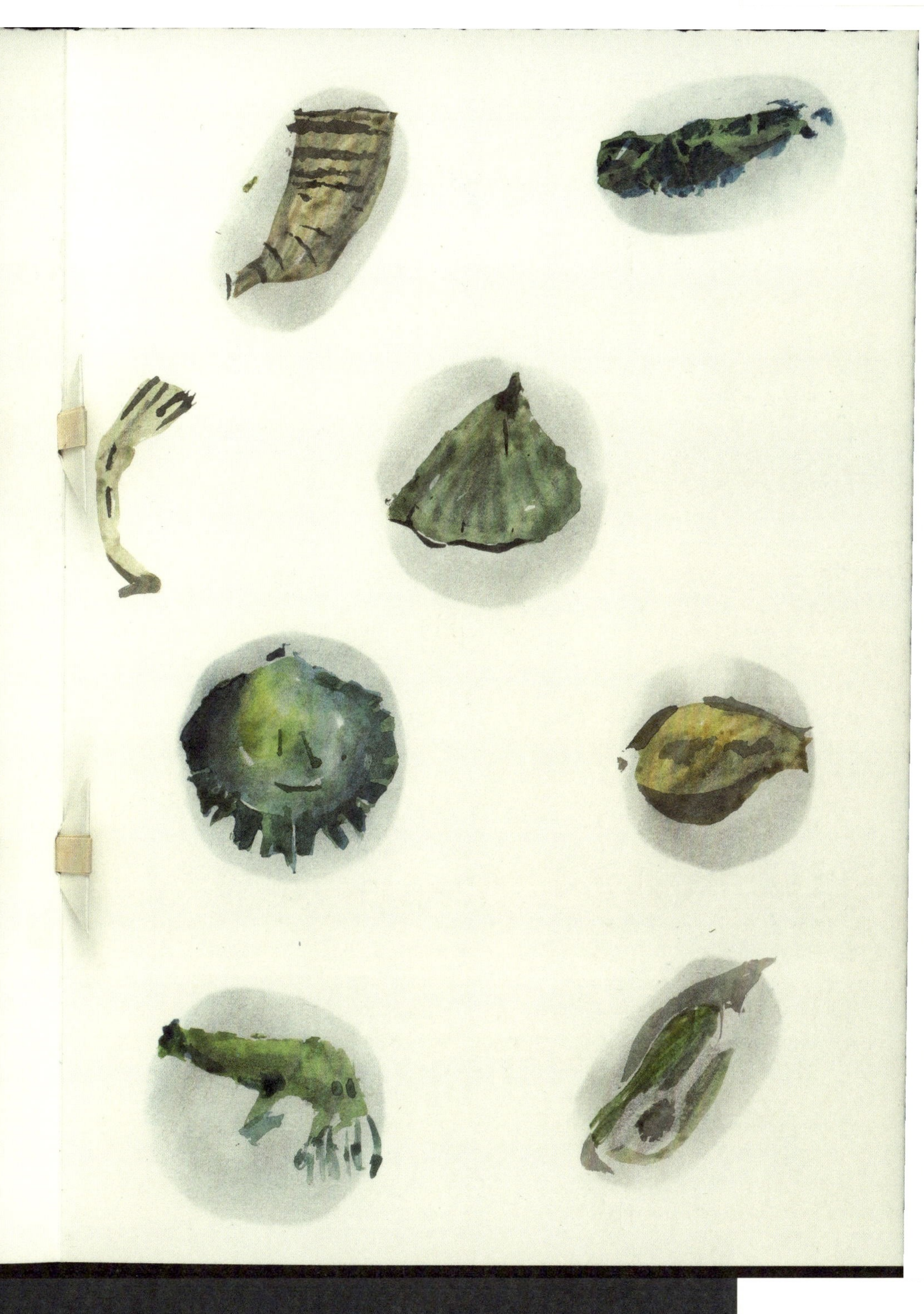

Joseph Conrad, Herz der Finsternis

2006

Der Erzähler – der Seemann Charlie Marlow – erkennt erst auf den zweiten Blick durch sein Fernglas, dass es sich um Köpfe handelt: abgeschlagen, aufgespießt auf Holzpfosten, die meisten noch in Verwesung. Die Pfähle mit den Köpfen stehen direkt vor dem baufälligen Haus des abgründigen »Mr Kurtz«, der hier am Oberlauf des Kongo als Angestellter einer belgischen Handelsgesellschaft eine charismatische Herrschaft von bizarrer Grausamkeit errichtet hat. Eine Herrschaft, die vor allem dem Raub von Elfenbein dient. Als Marlow eintrifft, liegt Kurtz, der von seinen afrikanischen Helfern wie ein Gott verehrt wird, im Sterben. Seine letzten – flüsternd geschrienen – Worte sind: »The horror! The horror!«.

Claudia Berg hat Joseph Conrads berühmter, 1899 erstmals erschienener Erzählung »Heart of Darkness« 21 Kaltnadelradierungen gewidmet, die mit den Vorbereitungen der Reise ins Innere Afrikas einsetzen und mit der Rückkehr Marlows nach Europa enden. 2006 entstanden und bereits ein Jahr später in eine Ausgabe der Büchergilde Gutenberg eingegangen, liegen die handschriftlich betitelten und signierten Radierungen in zehn Mappen vor, von denen die Herzog August Bibliothek 2009 die sechste erwarb.

Wer auf die Arbeiten der 1976 in Halle an der Saale geborenen Absolventin der dortigen Hochschule für Kunst und Design zu sprechen kommt, nennt ihre Landschaften, die italienischen vor allem, aber auch die heimischen, die anhaltischen, nennt ihre Porträts: nicht zuletzt jene von Kant, Kleist – und Lessing. Viele dieser Arbeiten haben den Weg in die Herzog August Bibliothek gefunden. Würden auch jene 21 Kaltnadelradierungen genannt werden, die Conrads »Heart of Darkness« gewidmet sind? Wahrscheinlich nicht. Warum aber ist dieses, ist das Grauen dann in die vorliegende Auswahl eingegangen? Warum finden diese Radierungen hier Erwähnung? Nicht, weil sie einen bestimmten künstlerischen Entwicklungsstand dokumentieren. Nicht, weil sie thematisch aus der Reihe fallen. Der Grund ist ein anderer: Die Kaltnadelradierungen zu Conrads Erzählung offenbaren in besonderer Weise, was der Lyriker Christian Lehnert mit Blick auf das grafische Werk Claudia Bergs einmal als verstörende »Grenze von Sichtbarem und Unsichtbarem« bezeichnet hat, »wie diese vielen Linien, Kratzer und Striche, die je für sich existieren, sich bewegen und ein Eigenleben führen und doch ein Ganzes bilden«. Jene undeutliche, jene flirrende Eindrücklichkeit des Unsagbaren, die in den Kaltnadelradierungen zu Conrads Erzählung geradezu auf die Spitze getrieben wird, charakterisiert – gemäßigter – auch das übrige Werk Claudia Bergs. So betörend ihre Landschaften, so einnehmend ihre Porträts sein mögen: Gefällig ist hier nichts.

Peter Burschel

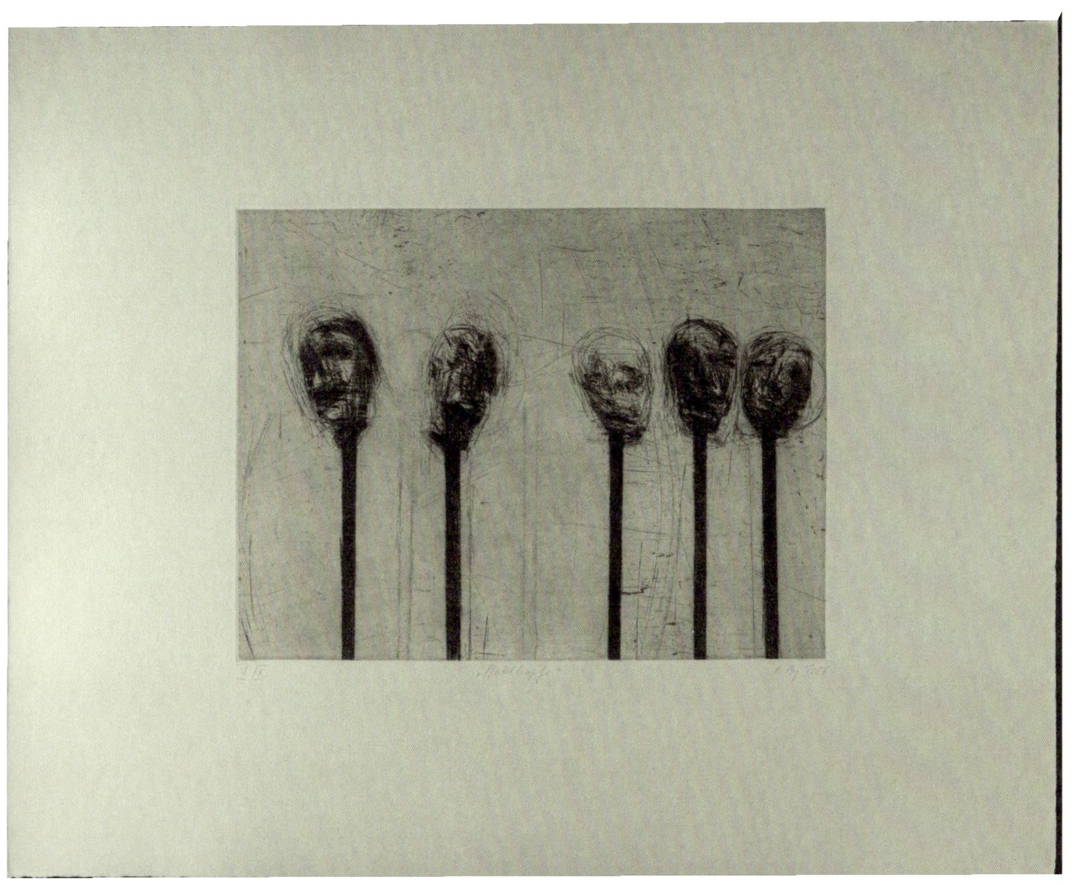

KEN CAMPBELL

Wall

2008

Das Künstlerbuch »Wall« von Ken Campbell (1939 – 2022) ist eine Auseinandersetzung mit Krankheit und Tod. Er schrieb über seine 2008 erschienene Arbeit: »Walls protect, walls constrain, and walls sometimes get run into. Five years ago I started this book, calling it ›wall‹, knowing that I was going to hit it. Hopefully, by running at the page, it has been passed through«.

Das Buch enthält überwiegend Fotos von Mauerfragmenten einer lutherischen Kirche im Mittleren Westen der Vereinigten Staaten sowie zwei kurze Texte. Einer stammt vom Künstler selbst und beschreibt einen Traum von Alter und Wiedergeburt. Im zweiten Text geht es um einen Tag im Leben von Campbells Enkelin und seiner Tochter, die auch den Text verfasst hat.

Erworben
2008

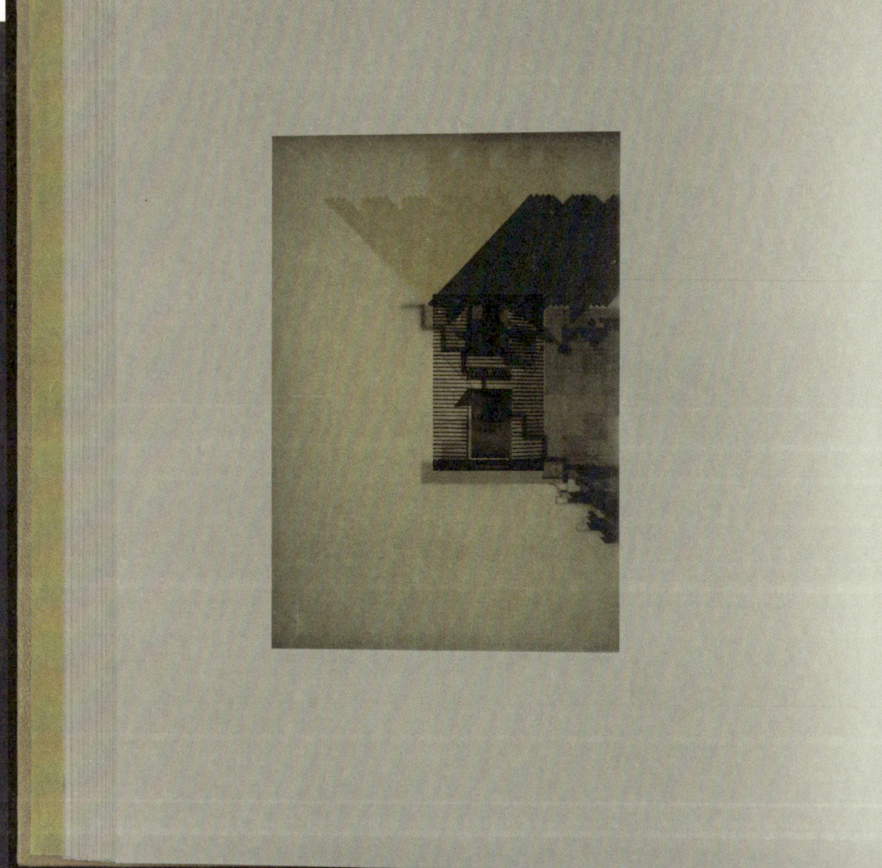

Die Texte stehen im Spannungsverhältnis von Leben, Tod und Krankheit dreier Generationen. Die Auseinandersetzung mit dem Tod spielt vor allem in den späteren Werken des Künstlers immer wieder eine Rolle.

Ken Campbell hat seine Druckverfahren über die Zeit vom klassischen Buchdruck bis zum Digitaldruck immer wieder verfeinert und technisch weiterentwickelt. Für dieses Künstlerbuch wurden Papierbogen gefaltet und auf allen vier Seiten im Buchdruck- und Inkjet-Verfahren bedruckt. Das von zwei Seiten belichtete Papier wurde beidseitig fotografiert und erhält so überlagernde Bildebenen mit unterschiedlichem Schärfegrad, wodurch die Drucke geisterhaft wirken. Blau-, Ocker- und sanfte Grautöne sind hier vorherrschender als das von Campbell in seinem Œuvre in allen Schattierungen sonst bevorzugte Schwarz.

Ken Campbell war in den Bereichen Druck, Malerei und in jüngster Zeit Skulptur und Computergrafik tätig. Die 24 Bücher, die er seit 1978 gemacht hat, bringen Kunst und Handwerk zusammen und vereinen hauptsächlich seine eigenen Gedichte und Bilder. Er schrieb, entwarf und druckte seine Bücher im Buchdruckverfahren, wobei gelegentlich Radierungen, Prägungen und zuletzt auch digitale Techniken eingesetzt wurden. Er legte größte Sorgfalt auf die Auswahl der Papiere, die Einbandmaterialien sowie die Einbandtechnik.

Die Herzog August Bibliothek besitzt sein Gesamtwerk.

Marie von Lüneburg

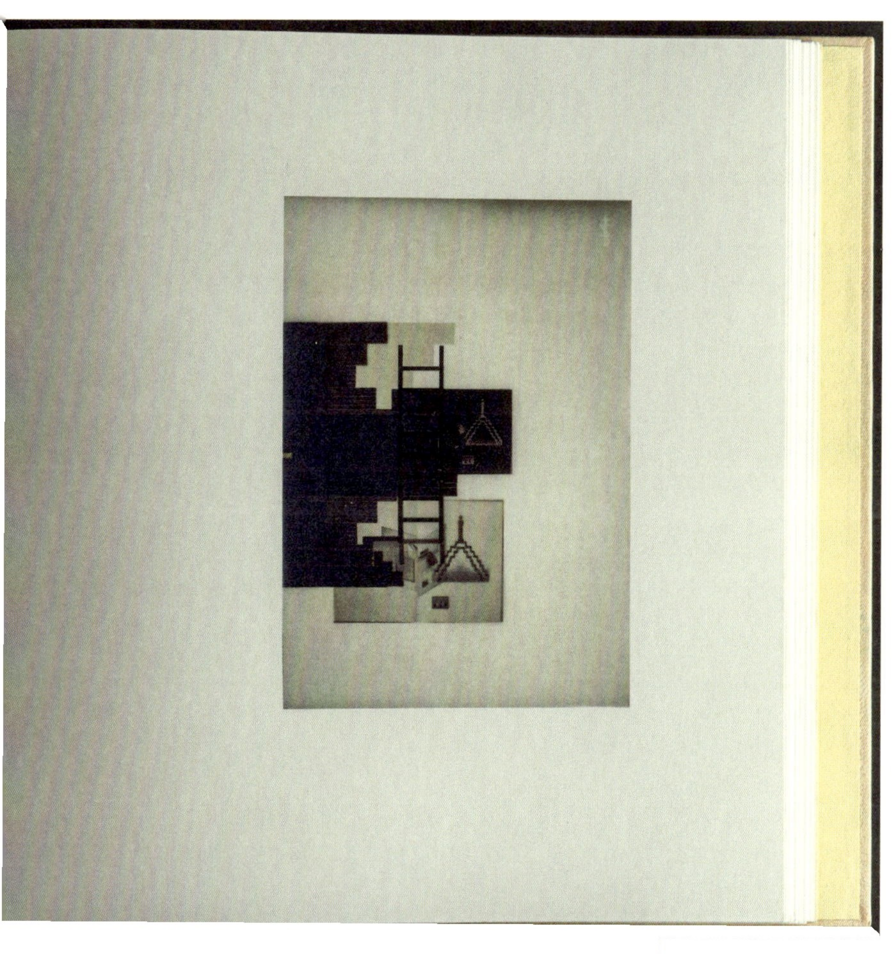

ILSE SCHREIBER-NOLL

Afghanistan

2009

Syria

2014

»Diaries of Conflicts« nennt Ilse Schreiber-Noll (geb. 1953) ihre Unikatbuch-Serie, die seit 2006 entsteht und in der sie das Geschehen in Kriegsgebieten dokumentiert. Die beiden auf den Krieg in Syrien einerseits, den in Afghanistan andererseits bezogenen Künstlerbücher haben jeweils das kompakte Format eines üblichen Tage- oder Notizbuches. Wie in einem solchen werden auch hier Ereignisse festgehalten: des Krieges, der Zerstörung, der Konflikte. Als visuelle Belege der jahrelangen kriegerischen Auseinandersetzungen in Syrien bzw. Afghanistan dienen Zeitungsausschnitte, die auf Seiten aus dicker Pappe geklebt sind. Mittels einer offenliegenden, sogenannten koptischen Bindung miteinander vernäht, erzeugen die nahezu starren Seiten beim Blättern ein knisterndes Geräusch. Einzelne Klebestreifen an den Buchrücken, die wie Pflaster anmuten, suggerieren eine vielfache Nutzung. Die intensive haptische Wahrnehmung wird durch Wüstensand verstärkt, der auf den einzelnen Seiten als stark verkrustete Flächen eingearbeitet ist und als verbliebenes Element von Landschaft und Natur eine physische Präsenz vermittelt. Fensterartige Ausschnitte in den beklebten Seiten nehmen die Betrachter*innen in kleinere Bildräume mit, lassen sie tief und tiefer in das Geschehen eintauchen. Die Überlagerungen der Bilder und Nachrichten zeugen dabei von der Fülle an Informationen, die die politischen Spannungen und jahrelangen Konflikte mit sich gebracht haben, wenngleich die Ausschnitte und der Sand auch Lücken und Verunklarung reflektieren. Dabei stehen die für die Öffentlichkeit bestimmten Zeitungsartikel im Kontrast zu dem sehr persönlichen Charakter eines Tagebuches. Nachrichten, Zeitungen, sogar der Sand, der verweht, sind hier festgehalten und werden zu einer ›persönlichen‹ Angelegenheit gemacht.

Die in Deutschland geborene Multimedia-Künstlerin Ilse Schreiber-Noll lebt in den USA. In ihren Arbeiten setzt sie sich mit den Schrecken des Krieges und der Zerstörung der Umwelt durch den Menschen auseinander. Im Kontext ihrer Gemälde, Bücher, Installationen und Druckgrafiken thematisiert und adressiert sie politische Aspekte, macht auf ökologische Fragen aufmerksam. Die Werkgruppe »Diaries of Conflicts« umfasst bislang 20 Unikatbücher und wird – als Zeugnis des aktuellen Zeitgeschehens – fortgeführt.

Sarah Janke

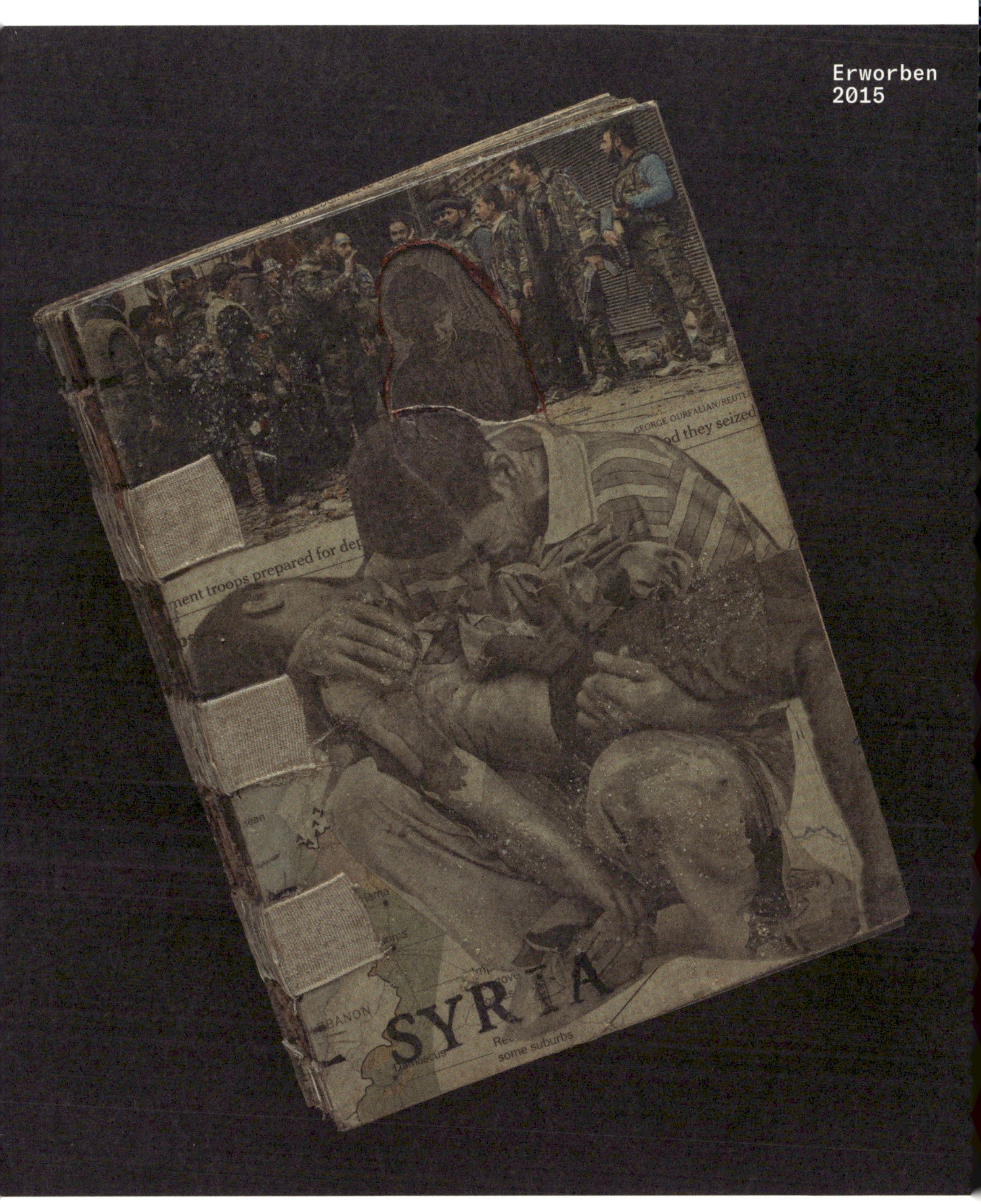

Erworben
2015

ghans
One G.I.
Killed
ı Attack

DAM B. ELLICK
DUL WAHEED WAFA

Afghanistan — A day
rce suicide bombing in
Afghanistan, insurgents
American military con-
rowded market in the
part of the country
and officials said one
nd 18 civilians were

the victims was a 12-
boy, who died when a
r bomber in a Toyota
pproached the convoy
swerved into a weekly
round 8 a.m., according
can and Afghan ac-
. Ajmal Pardes, the di-
ublic health in the area,
ople were wounded.
ike was in the Bati Kot
eastern Afghanistan's
r Province.
sociated Press photog-
aid that an American
vehicle, two civilian ve-
d two rickshaws were

eff Bender of the Navy,
can military spokesman
said the civilian death
ially put at 10, had risen

dnesday, a tanker truck
ith explosives detonat-
e the provincial council
Kandahar, Afghanistan's

ers contributed report-

A police officer on Thursday re... ...ve a bicycle from

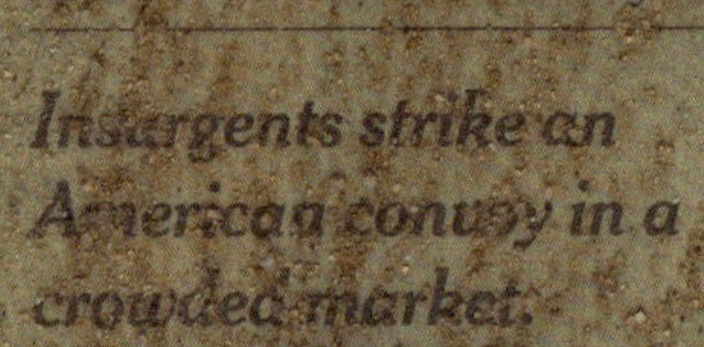

Insurgents strike an American convoy in a crowded market.

largest southern city, killing the driver and at least six other people and wounding more than 40 others.

The blast shook the entire city, caused at least five houses to fall and left a crater near the council building, which housed an office of a national security service.

"The enemies of Afghanistan and peace once again put us in mourning," Gen. Rahmatullah Roufi, the provincial governor, told reporters. He announced a

In a separate incid
on Thursday, two s
the American-led N
were killed in an exp
south of the country
day, the alliance said
specify the soldiers'

The Defense Mini
don later identified
diers as members
Royal Marines who
part in a joint patrol
soldiers in the Garm
Southern Helmand

The American con
largest foreign force
stan, but Britain has
troops there. A surv
Thursday by the BB
than two-thirds of
tioned believed

Erworben 2015

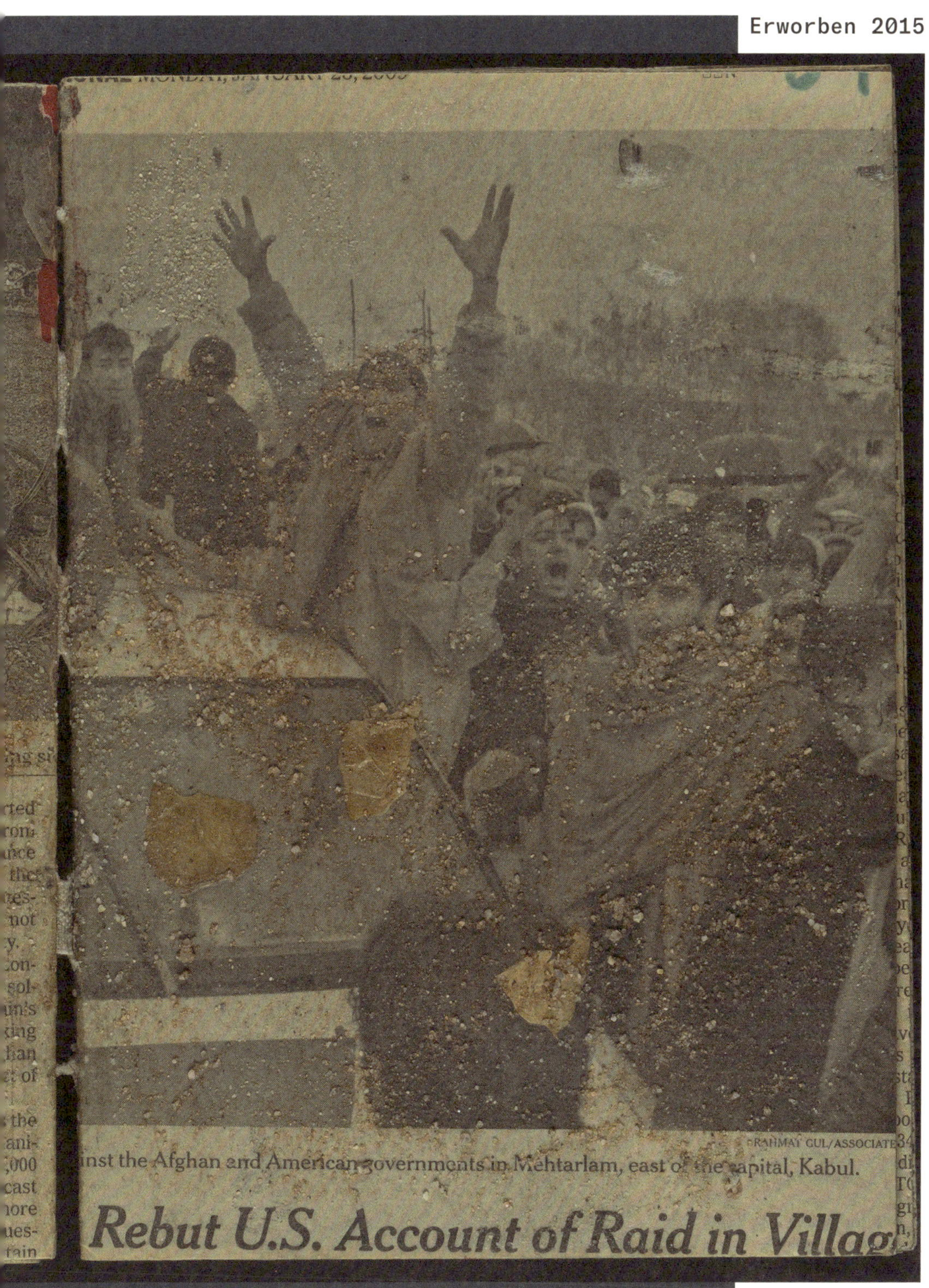

RAHMAT GUL/ASSOCIATE

inst the Afghan and American governments in Mehtarlam, east of the capital, Kabul.

Rebut U.S. Account of Raid in Villag

CLEMENS-TOBIAS LANGE

OnniSanti

2008 – 2009

Das Künstlerbuch »OnniSanti« von Clemens-Tobias Lange (geb. 1960) umfasst 44 Seiten und ist mit 18 Fototiefdrucken – sogenannten Fotogravuren – versehen, die die Haptik und die Struktur von Kirchenwänden doppelseitig im Positiv und im Negativ wiedergeben. Auf den Umschlagseiten befinden sich die Grundrisse von mittelalterlichen Kirchen in Georgien, die jeweils von einem Schriftzug begleitet werden, der Heilige in georgischer Schrift benennt. Dem Werk ist die Widmung »a Emilio Vedova, insegnante di luce« vorangestellt, was als Hommage an Langes ›Lehrer des Lichts‹, den Maler Emilio Vedova (1919 – 2006), zu verstehen ist.

Clemens-Tobias Lange fotografierte die Wände von Kirchen während seiner Reise durch Georgien. Dabei orientierte er sich vor allem an solchen Funden, an denen die Heiligendarstellungen bereits durch den Zahn der Zeit oder durch Vandalismus zerstört waren. Der verschlissene Wandputz und der schwarze Ruß von Votivkerzen hatten eine neue Bildlichkeit entstehen lassen. Die nicht erfüllte Erwartungshaltung gegenüber der Heiligenabbildung ist ein tragendes Motiv für den Künstler, da ihn die bildleeren Kirchen zwar enttäuschten, aber dennoch zu einer religiösen Erfahrung führten, weil die Reflektion über die sakralen Räumlichkeiten erst durch das Fehlen von Bildern initiiert wurde.

Die Tiefdrucke sind an einigen Stellen von einer starken haptischen Qualität geprägt, weil die Druckerschwärze durch den Auftrag in eine reliefartige Struktur mündet. Das Wechselspiel von doppelseitigen Abbildungen mit Grundrissen der Kirchenbauten folgt einer stringenten Logik, die den Rahmen setzt und die Richtung bestimmt. Die Drucke führen zu einem pareidolischen Blick, der im Spiel von Assoziation und Imagination die Ikonen vergangener Zeit heraufbeschwört. Einzig der Hinweis, dass an den Wänden einst Heilige abgebildet waren, ermöglicht diese alternative und zugleich affirmative Sicht auf die Ablichtungen und führt zu einer transgredierten Auseinandersetzung. Bezogen auf den thematischen Fokus auf die verwehrten Heiligenbilder steht die formale Auflösungstendenz in der bildlichen Formensprache in spannungsvoller Beziehung zu den unterschiedlichen Wahrnehmungsformen des Religiösen.

Ähnlich wie sich die Materie der Kirchenwände über die Jahre auflöste, entmaterialisierte sich die Identität der abgebildeten Heiligen. Allein die georgische Schrift könnte den Kontext dechiffrieren und einen weiteren Zugang schaffen, jedoch verschließt sie sich jedem, der dieser Schrift nicht mächtig ist.

Der Medientransfer der Fotografie über den Druck aufs Papier überträgt die Wandabbildung in eine informelle, malerische Geste, die entfernt an das Œuvre von Emilio Vedova erinnert, bei dem der Künstler studierte. Mit dieser künstlerischen Strategie der strukturellen Auflösung und der vielschichtigen Lesbarkeit bietet Clemens-Tobias Lange ein Feld für die Diskussion über Religiosität und Bildlichkeit.

Jürgen May

Erworben 2009

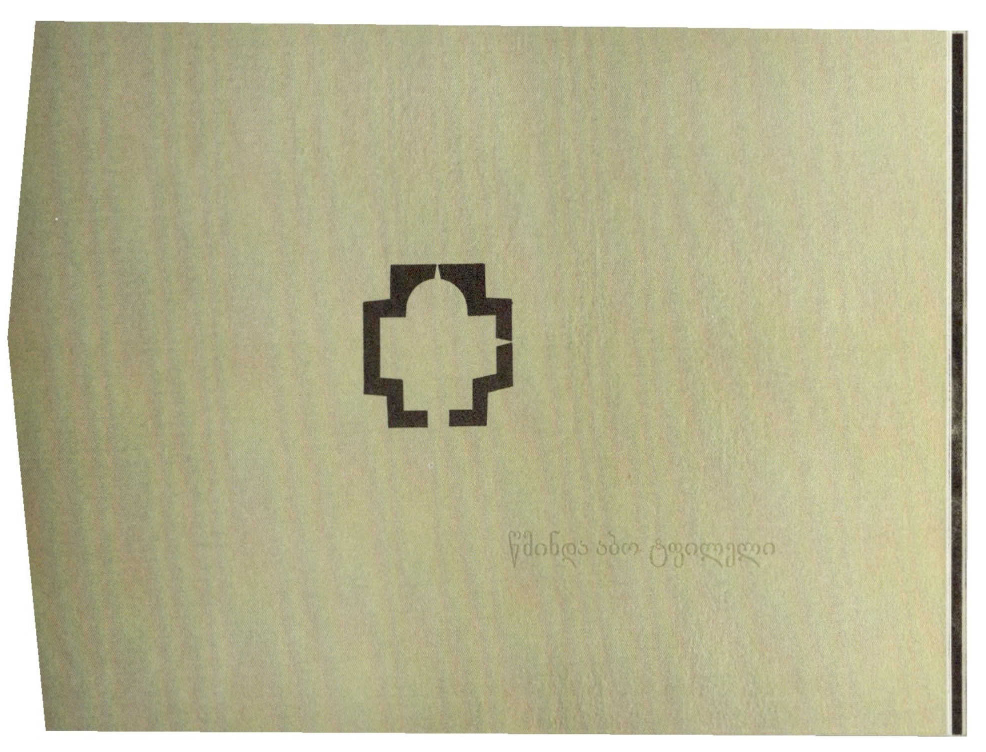

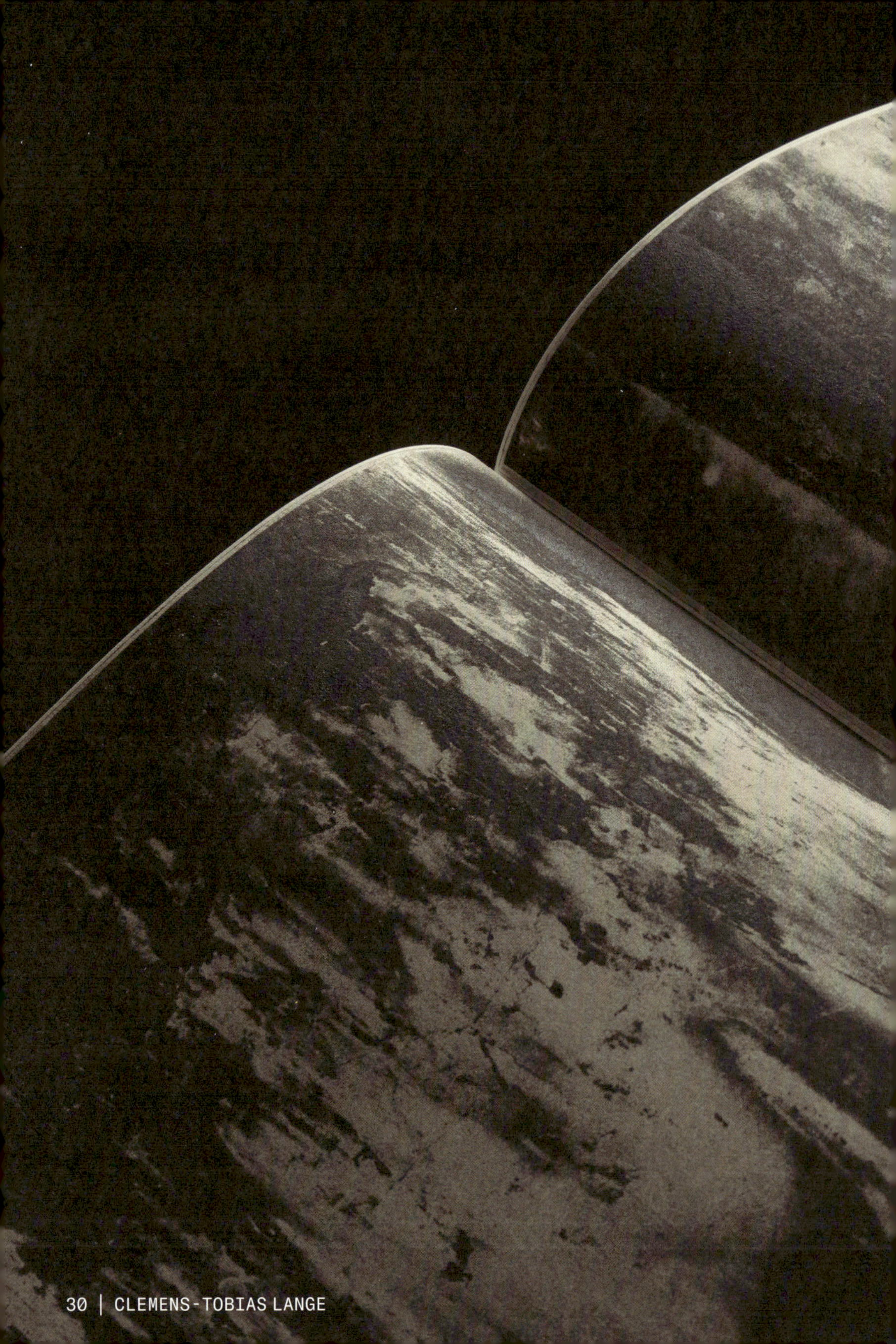

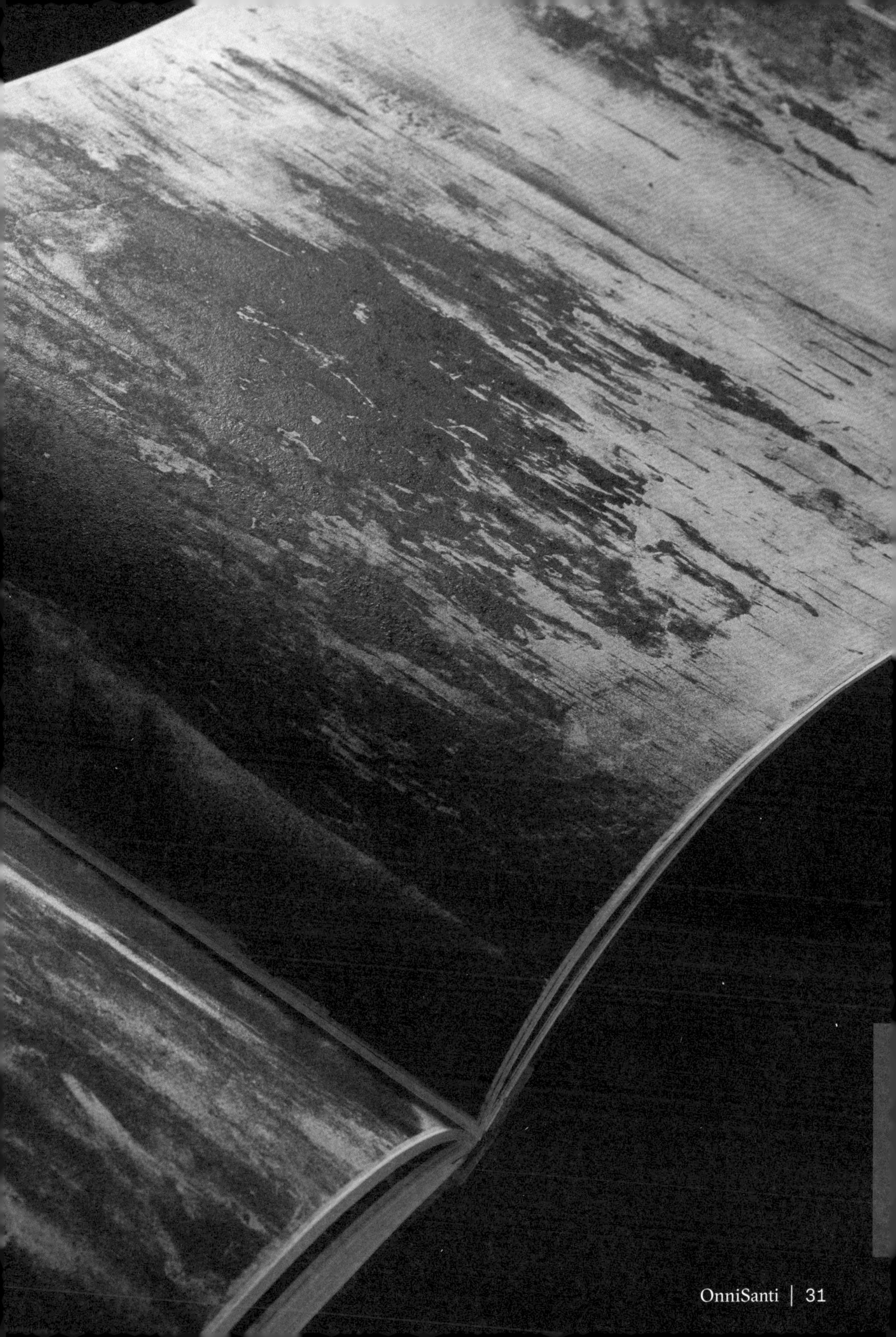

ROBBIN AMI SILVERBERG

Rondo

2009

Ein großformatiges Buch, im Wesentlichen schwarz-weiß, mit nichtlinearem Ablauf, nicht von der ersten bis zur letzten Seite zu blättern. Die rechts und links in ein triptychonartiges Gehäuse eingebundenen Hefte werfen die Betrachter*innen aus der Blättergewohnheit, es gibt kein Richtig oder Falsch, keinen Anfang und kein Ende. Man ist buchstäblich gefangen im endlosen, immer gleichen unentrinnbaren Rundlauf des Alltags der ›Frau Wolf‹.

»Rondo« heißt das Künstlerbuch der New Yorker Künstlerin und Papiermacherin Robbin Ami Silverberg (geb. 1958), wobei der Titel hier auf vielen Ebenen an die Endlosigkeit des gleichnamigen Rundtanzes anknüpft.

Seitenfüllende Textgrafiken in unterschiedlichen Rhythmen und endlos erscheinender Wiederholung lassen sich entschlüsseln als eine Miniatur des ungarischen Schriftstellers István Örkény (1912–1979), hier die gekürzte, übersetzte Fassung:

> Sie zieht ein Blatt aus dem Schlitten
> ihrer Schreibmaschine.
> Sie nimmt zwei neue Blätter.
> Sie schiebt ein Blatt Kohlepapier
> dazwischen.
> Sie tippt.
> Sie arbeitet seit fünfundzwanzig Jahren
> in der gleichen Firma.
> Sie isst ein kaltes Sandwich zum Mittagessen.
> Sie lebt allein.
> Ihr Name ist Frau Wolf.
> Merken Sie sich den Namen.
>
> Frau Wolf. Frau Wolf. Frau Wolf.

Die Seitenformate variieren, das – wie immer in den Arbeiten von Robbin Silverberg – von ihr für dieses Buch speziell geschöpfte Papier knistert, der repetitiv seitenfüllend angeordnete Text ist Bild geworden, auf der Buchdecke eingeprägt ist eine rätselhafte Kreisform in vertrautem DVD-Format.

Rondo ist hier kein fröhlicher Rundtanz, der Text keine Ode, sondern ein raumgreifend im Künstlerbuch inszeniertes Lautgedicht über eine Schreibkraft, ein Ins-Licht-Setzen eines kleinen und meist unsichtbaren und eben auch meist weiblichen Rädchens im sozialen System.

Der Text nimmt in all seiner Kürze Ironie, kulturspezifische Details, musikalische Anspielungen und ein postmodernes Tempo auf. Die Choreografie der Lektüre wird sowohl durch die Typografie als auch durch ihre Manipulation bestimmt. Die Lautlichkeit ist vom Material geprägt.

Dazu Robbin Silverberg: »Für Rondo habe ich mehrere Arten Papier entworfen: Ich wollte, dass der Akt des Lesens Geräusche erzeugt, also habe ich zwei pergamentartige Hanfpapiere von unterschiedlichem Gewicht hergestellt, die beim Umblättern der Seiten ganz unterschiedlich knistern und knattern. Das Umschlagpapier hat ebenfalls einen besonderen Klang, da es aus festem Hadernpapier besteht«.

Ihren persönlichen Kommentar hat Silverberg in der Technik des Paper Pulp Paintings auf dieses Umschlagpapier aufgebracht, die Textzeilen von Örkény haben durchweg Schreibmaschinenanmutung und sind entweder per Inkjetdruck (mit Archivtinte) oder aber als Collage aufgebracht. Es gibt nur ein farbiges

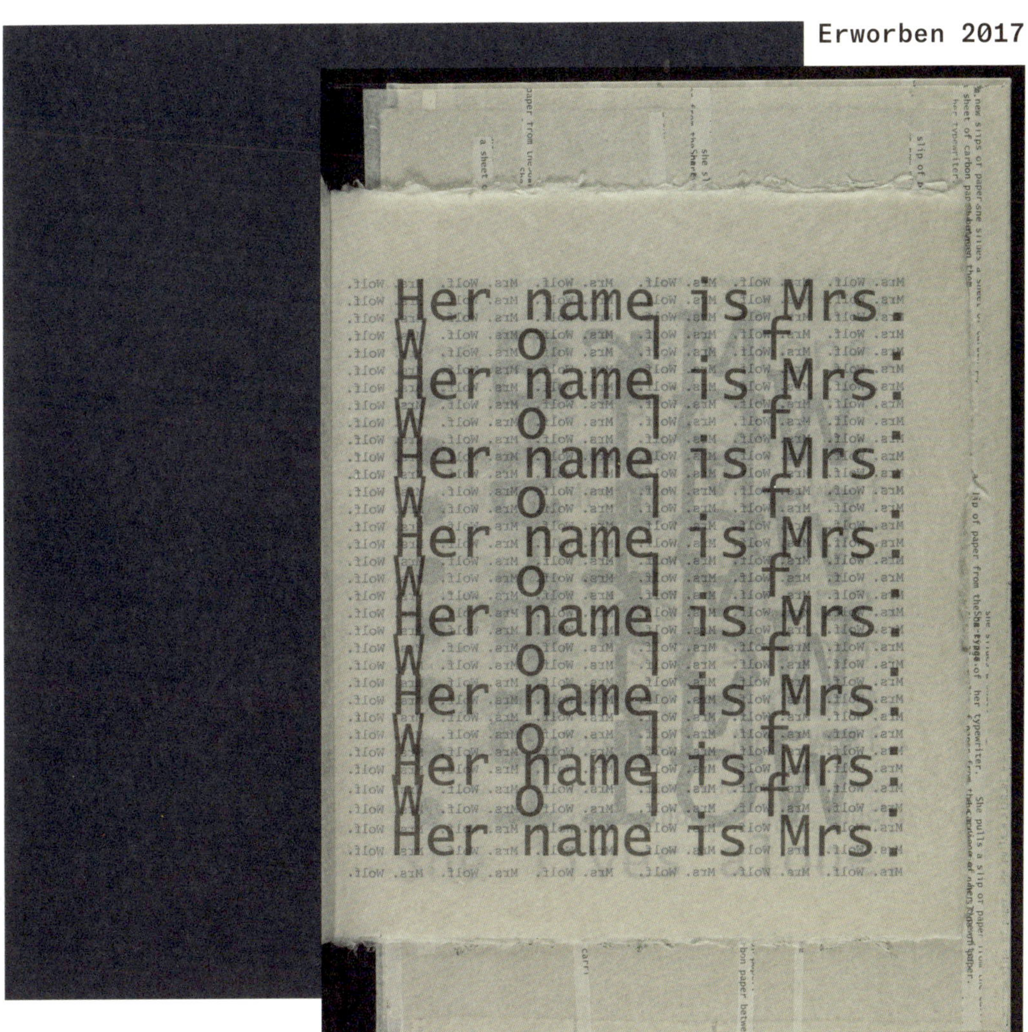

Blatt im ganzen Buch: Ein Blatt intensiv blauen Papiers, dünn und scharf in der Haptik, verweist in seiner helleren Farbe immer noch auf das Kohlepapier von einst.

Die akustische Ebene ist aber noch auf eine ganz andere, die Erwartungshaltung konterkarierende Weise ins Buch integriert: Auf dem Cover kann man die Prägung einer DVD erkennen, auf der Innenseite der hinteren Buchdecke findet sich dann tatsächlich eine DVD.

Dazu noch einmal Robbin Silverberg: »Der ungarische Percussionist András Dés wurde eingeladen, bei der Eröffnungsfeier des Petőfi-Museums in Budapest, wo Rondo erstmals ausgestellt wurde, mitzuwirken und aufzutreten. Die Musik ›Mrs. Wolf's Dream‹, die auf meinem Papier als Instrument entstand, war so aufregend und frisch, dass ich ihn fragte, ob ich sie in das Buch aufnehmen könne. Die DVD enthält nun zwei Varianten dieser Aufführung: In den ersten Minuten sieht man nichts, sondern hört die Aufnahme aus einem Tonstudio; erst in der zweiten Hälfte sieht der Zuschauer, dass Dés nicht etwa auf einer Schreibmaschine spielt, sondern auf einem einzigen Stück meines Papiers!«.

Susanne Padberg

PETER MALUTZKI

Stundenbuch

2010

Der Bethlehemitische Kindermord ist ein häufiges Motiv in der Kunst des 16. und frühen 17. Jahrhunderts: Hilflos, nackt und dicht gedrängt erwarten die Kinder ihr furchtbares Schicksal. Diese grausame Szene, die auf das Matthäusevangelium zurückgeht, findet sich auch im Stundenbuch Herzog Augusts d. J., das um 1627 datiert ist. Im Remake des Stundenbuches von 2010 zeigt der Buchkünstler Peter Malutzki (geb. 1951) stattdessen die Fotografie einer Gruppe von Kindern in Ausschwitz: verfremdet und verpixelt, zentral in der Mitte der gelbe Judenstern. Kindstötung vor dem Hintergrund vermeintlich religiöser Rechtfertigung. Der historische Zusammenhang macht deutlich: Hier geht es um eine Wiederholung von Geschichte.

In seinem Remake stellt Peter Malutzki nicht nur durch die Übertragung von Bildmotiven augenfällige Bezüge zur Gegenwart her, er nutzt auch fotografische Medien und digitale Techniken, um einen neuen Blick auf das Stundenbuch zu ermöglichen.

Ein Stundenbuch ist ein Andachtsbuch für den privaten Gebrauch. Die Gebete sind in einen Stundenrhythmus unterteilt, sodass der Besitzer einem festgelegten Ablauf folgen kann. Meist sind die handgeschriebenen Texte reich illuminiert, also mit aufwendigem Buchschmuck versehen, und das Textkorpus ist durch farbliche Ausgestaltungen untergliedert, was den Lesenden das Auffinden bestimmter Stellen erleichtern soll. Peter Malutzki beschreibt seine Begegnung mit dem Stundenbuch Herzog Augusts d. J. wie folgt:

> »Mitte 2009 stieß ich im Internet auf die digitalisierte Version einer Handschrift aus dem Bestand der Herzog August Bibliothek Wolfenbüttel: das Stundenbuch Herzog Augusts des Jüngeren. Schon seit einiger Zeit hatte ich mich mit früher Buchkunst beschäftigt und überlegt, ob es möglich sei, sich mit diesem Gebiet auseinanderzusetzen und ein nicht nostalgisches Objekt heutiger Buchkunst zu produzieren. Ich merkte bald, dass die Pergament-Handschrift ein guter Ausgangspunkt dafür war. Den Ausschlag gab schließlich die mittelniederdeutsche Sprache des Stundenbuchs, der ich mit der Zeit auch als Laie ganz gut folgen konnte. Anhand der digitalisierten Stundenbuch-Version konnte ich die Texte transkribieren. Die für mich ungewohnte Tätigkeit der Transkription aus einer Sprache, die seit Jahrhunderten nicht mehr gesprochen wird (wie mir schien eine Mischung aus Niederländisch, Deutsch und Englisch, durchsetzt mit lateinischen Wörtern und mir bis dahin unbekannten Abkürzungen), erwies sich als interessant und spannend. Es war wie eine Zeitreise, und es überraschte mich, wie gut ich die Psalmen und Gebete nach und nach verstehen konnte«.

Der Künstler entwickelt ein Konzept für sein Remake, er überführt die transkribierte Handschrift in eine moderne, heute besser erfassbare Schrift, was den Textfluss und die Seitenfolge verändert. Auch die Größenverhältnisse werden

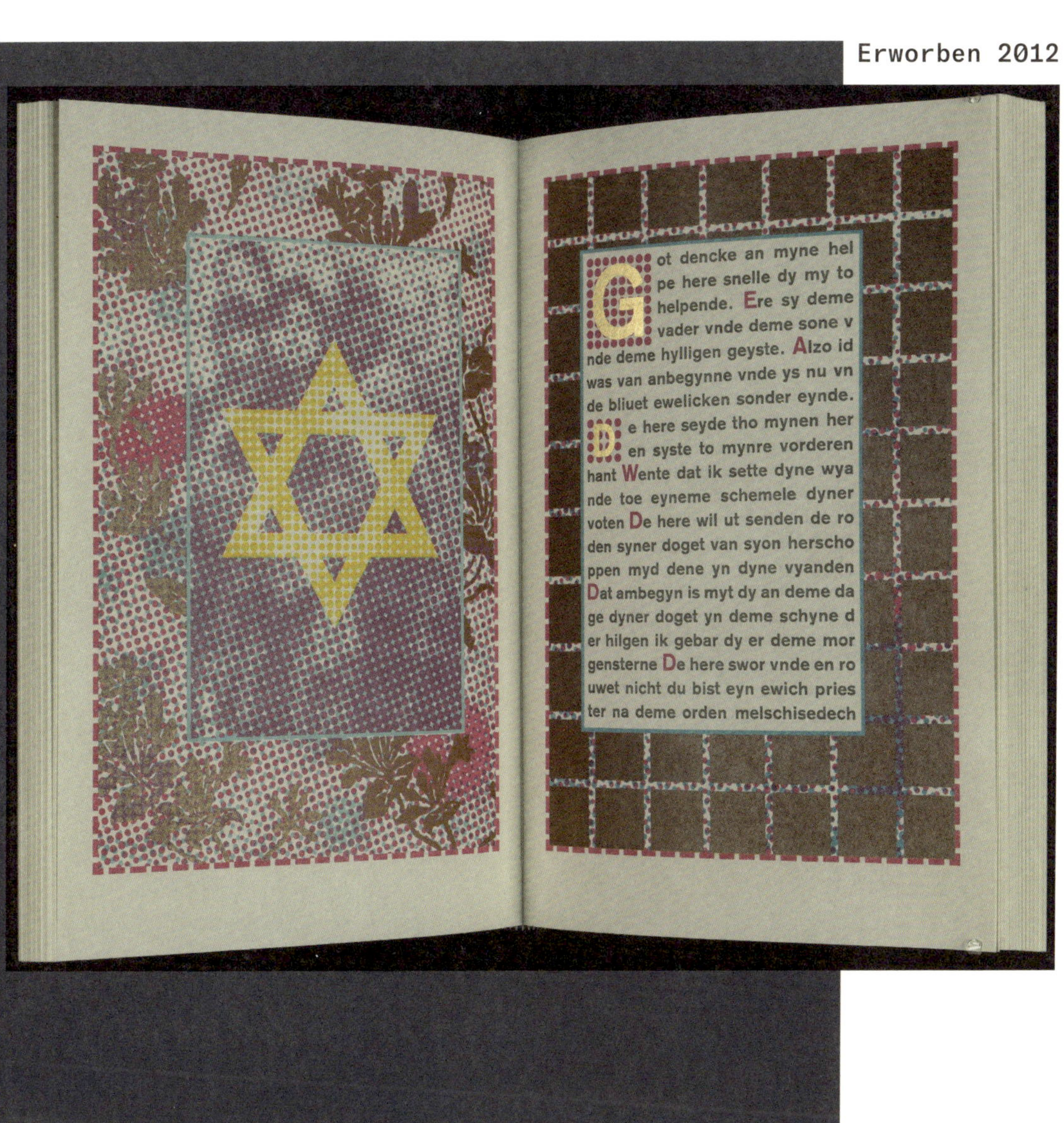

Got dencke an myne hel
pe here snelle dy my to
helpende. Ere sy deme
vader vnde deme sone v
nde deme hylligen geyste. Alzo id
was van anbegynne vnde ys nu vn
de bliuet ewelicken sonder eynde.
De here seyde tho mynen her
en syste to mynre vorderen
hant Wente dat ik sette dyne wya
nde toe eyneme schemele dyner
voten De here wil ut senden de ro
den syner doget van syon herscho
ppen myd dene yn dyne vyanden
Dat ambegyn is myt dy an deme da
ge dyner doget yn deme schyne d
er hilgen ik gebar dy er deme mor
gensterne De here swor vnde en ro
uwet nicht du bist eyn ewich pries
ter na deme orden melschisedech

angepasst und das Buchformat im Vergleich zum historischen Vorbild beinahe verdoppelt. Die Bildmotive im Stundenbuch Herzog Augusts d. J., viele farbig leuchtende Blumenranken im naturalistischen Stil der Genter und Brügger Schule jener Zeit, werden im Remake neuinterpretiert, sodass lediglich ihre Funktion als Textrahmung bewahrt bleibt.

Sie zerfallen in eine Vielzahl von Punkten und treten erst bei Betrachtung aus größerer Entfernung deutlich hervor. Mithilfe dieses pointilistischen Effekts erscheinen die Bilder im Remake bei naher Betrachtung nur als Rasterpunkte oder abstrakte Formen. Malutzki verwendet einen vierfarbigen Druck: Die Texte sind Dunkelgrau, die Blumenranken leuchten in Cyanblau, Gelb und Magenta. Dazu kommen Handvergoldungen mit 22,5 Karat Blattgold.

Sarah Janke

Lady Mikado's Landscape

2004 – 2012

Bei seinen Vorbereitungen für eine Reise von Los Angeles nach Deutschland platzierte der US-amerikanische Künstler Christopher Wilde (geb. 1972) einen leereren, handgehefteten Buchblock aus Büttenpapier ohne Deckel fürsorglich zwischen den Sachen in seinem Koffer. Am Ziel angekommen überreichte er ihn als künstlerische Einladung der »Organik Art Group« – vertreten durch ihn selbst, Marshall Weber (geb. 1960) und Kurt Allerslev – an Uta Schneider (geb. 1959) und Ulrike Stoltz (geb. 1953), die Künstlerinnengemeinschaft ›usus‹. Diese Einladung wurde angenommen, der Beginn eines besonders herausfordernden Projektes: Fünf Künstlerinnen und Künstler aus Deutschland und den USA arbeiteten gemeinsam, ohne Regeln und Einschränkungen, an einem Buchobjekt. Alles war möglich, jede Technik erwünscht, jeder Eingriff in die Arbeit des anderen willkommen. Das Ergebnis: »Lady Mikado's Landscape«.

Acht Jahre gestalteten die Beteiligten den Buchblock nacheinander und aufeinander aufbauend. Ulrike Stoltz machte den Anfang und füllte die 196 Buchseiten handschriftlich mit ihrem Text »Lady Mikado«. Dieser Text verschwand zunehmend unter Zeichnungen mit Tusche oder Stift, Frottagen, Collagen, Nähmaschinennähten, Klebstreifen und Stempeln. Zudem wurde der Text in deutscher Sprache durch handschriftliche Kommentare in Italienisch und Englisch ergänzt. Durch Schnitttechniken und Ausstanzungen weisen die Seiten unterschiedliche Formen auf. Zum Schluss wurden die erste und die letzte Seite durch Gittergewebe aus dem Baumarkt verstärkt, dessen Struktur sich ebenso auf mehreren Seiten des Buches als Frottage wiederfindet.

In der Projektlaufzeit legte das Buch unzählige Kilometer über den Atlantik zurück. Aufgrund einer schlechten Erfahrung mit dem Postweg in der Vergangenheit überreichten sich die Künstlerinnen und Künstler das Unikat immer selbst von Hand zu Hand, wenn sie sich bei Messen, Vorträgen oder auf ihren Reisen wiedersahen. Mit jeder dieser Übergaben bewiesen sie jedoch ein besonders großes Vertrauen zueinander, welches Ulrike Stoltz in der Formulierung »radikale Freigabe des Buchraums« zum Ausdruck brachte. Denn die Beteiligten fanden ihre eigenen Zeichnungen und Texte stark verändert oder gar nicht mehr wieder, weil Teile ausgeschnitten, zugeklebt oder übermalt wurden. Heute ist es selbst für die Künstlerinnen und Künstler nicht immer möglich, zu unterscheiden, wer einzelne Elemente hinzugefügt hat.

In diesem Prozess der ständigen Veränderung, dem der Buchblock unterworfen war, stand das Kunstwerk als Ganzes im Vordergrund. Es erscheint wie ein Gespräch, in dem Themen vorgebracht und verworfen werden, in dem die Gesprächsparteien aufeinander Bezug nehmen und die Impulse weiterdenken, in dem die Inspiration entspringt und gleichzeitig verwirklicht wird. Es ist ein Gespräch, in dem fünf Stimmen hörbar bleiben.

Alexandra Serjogin

ARSHALL WEBER · CHRISTOPHER WILDE

Erworben 2020

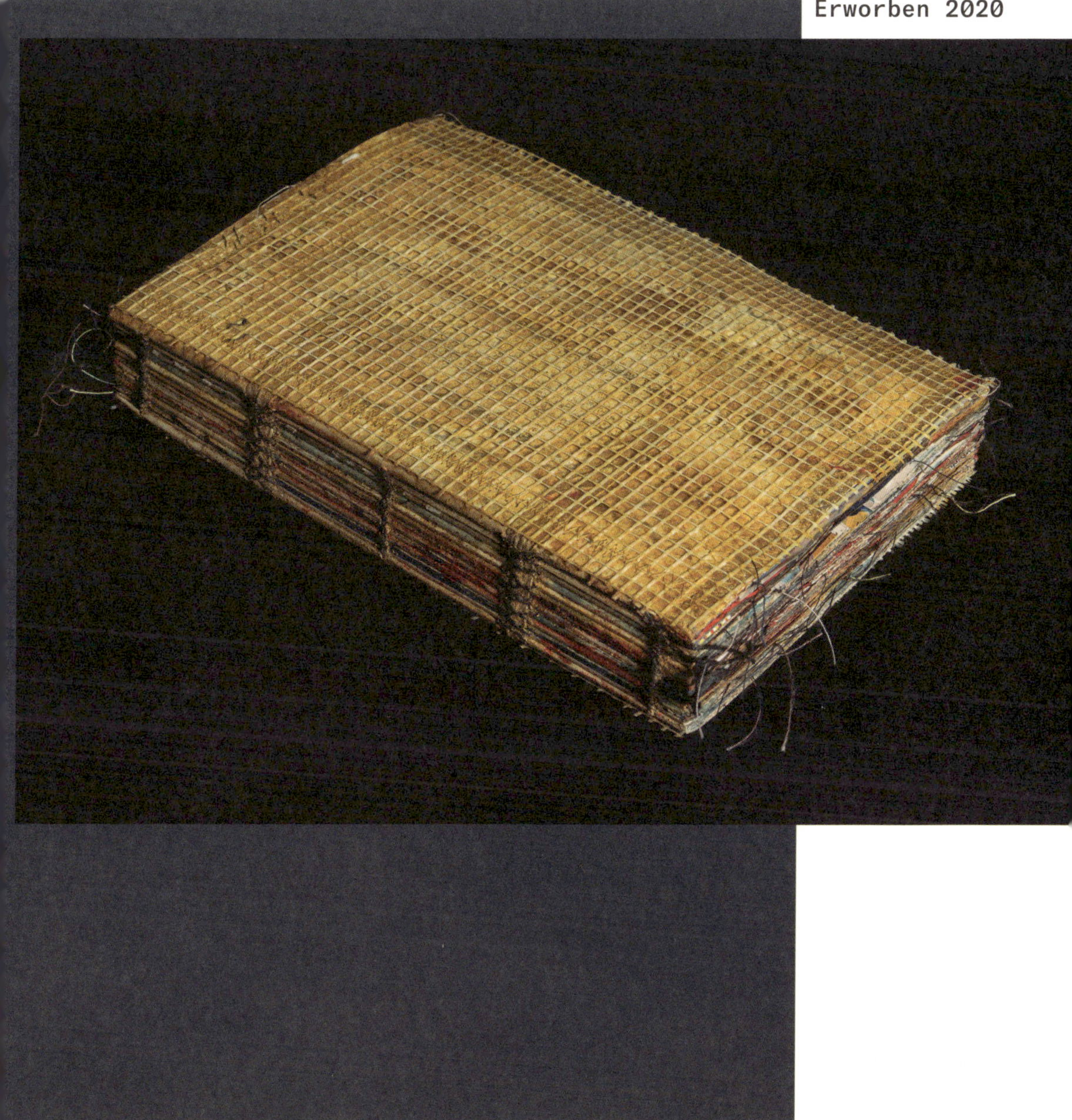

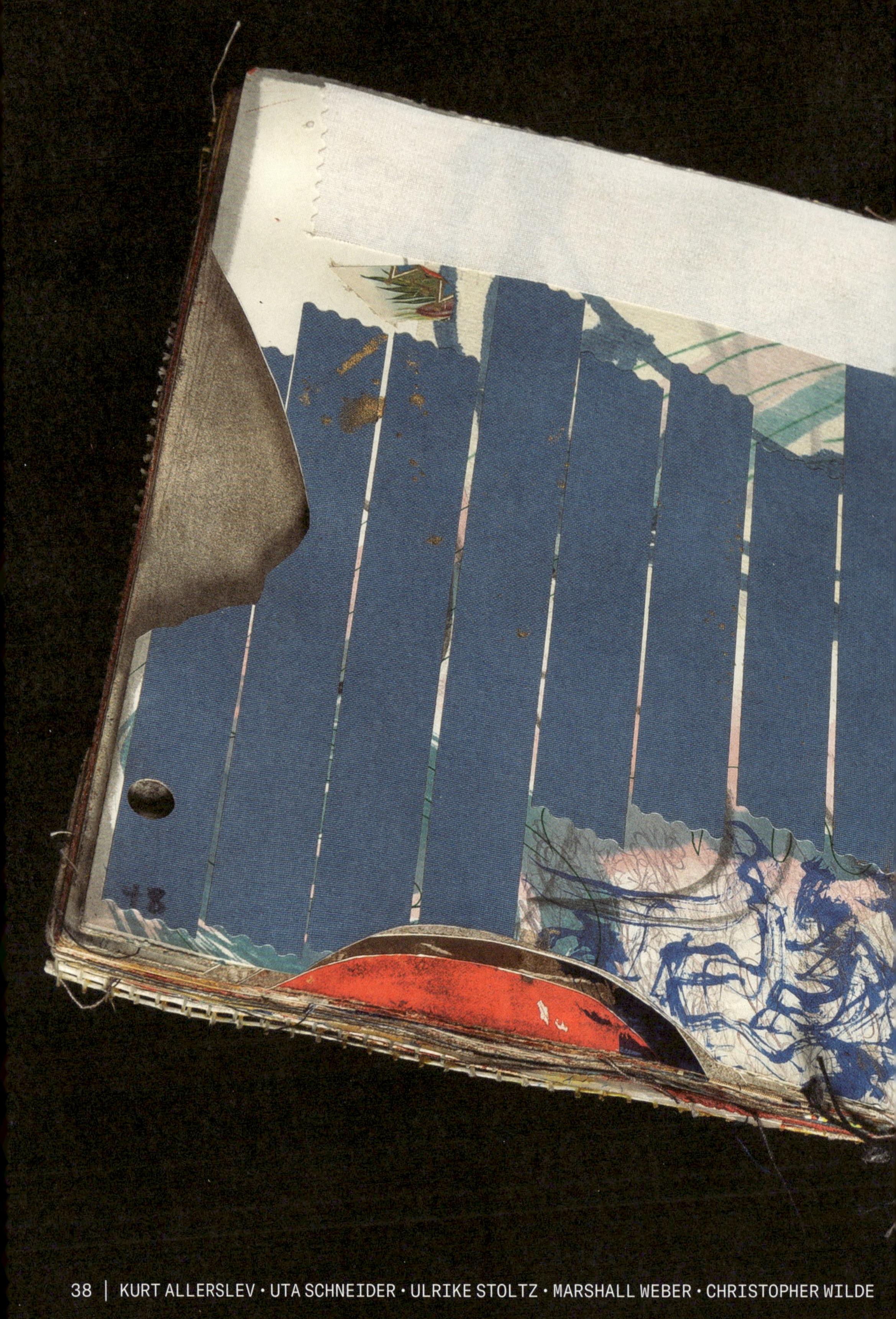

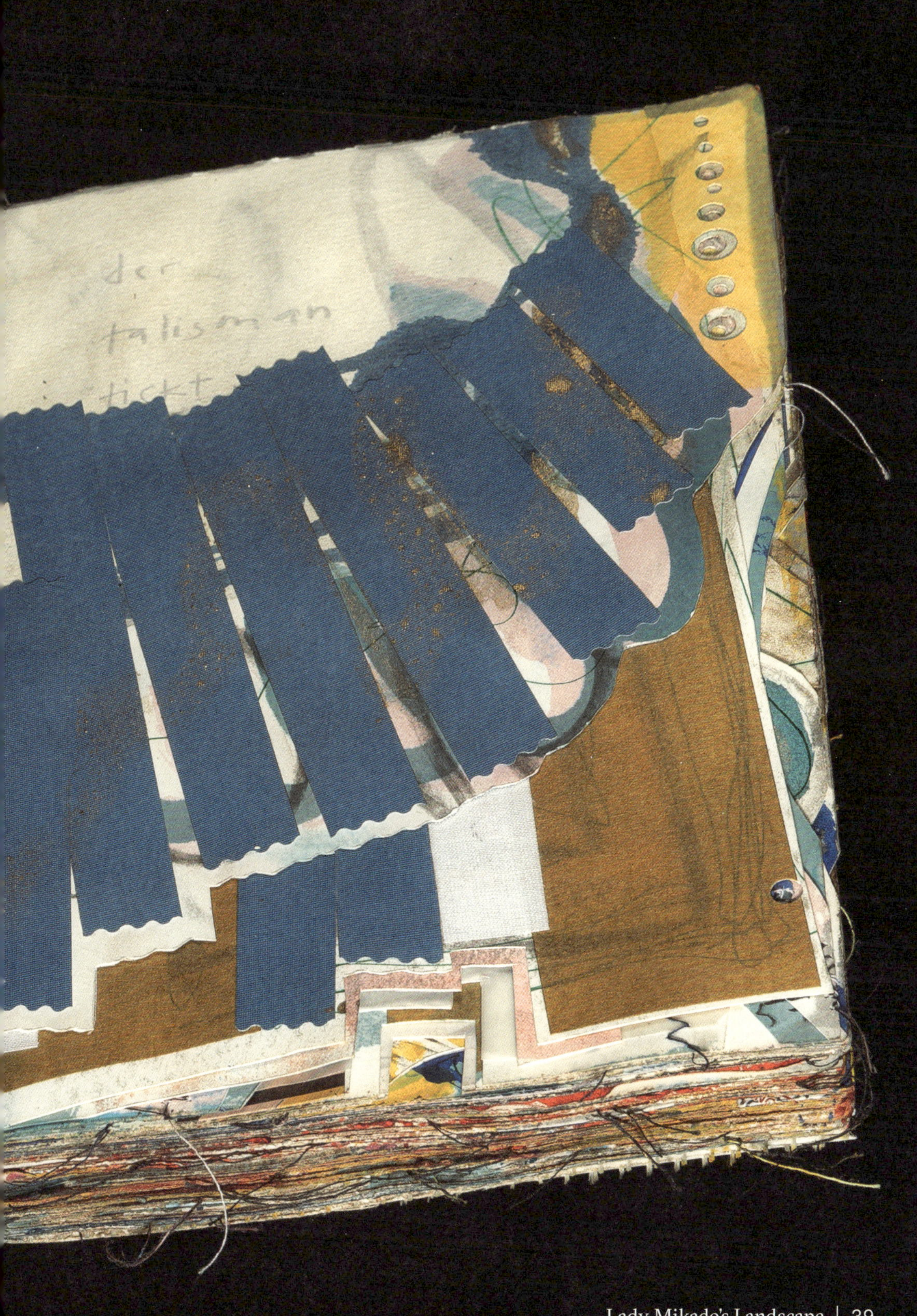
der
talisman
tickt

BARBARA BEISINGHOFF

Allmannigfalt'ge: Goethes Frauen im Farbenkreis

2016

»Allschöngewachsne [...], Allspielende [...], Allmannigfaltge [...], Allbuntbesternte [...], Allherzerweiternde [...], Allbelehrende [...]« – Johann Wolfgang von Goethes Gedicht »In tausend Formen magst du dich verstecken« aus dem achten Buch des West-östlichen Divan »Suleika Nameh« (1819) hat sechs Strophen. Und entsprechend bietet die Grafikerin Barbara Beisinghoff (geb. 1945) in ihrem Künstlerbuch »Allmannigfalt'ge: Goethes Frauen im Farbenkreis« sechs Frauen aus dem Leben des Dichters eine Bühne. Jeder von ihnen weist sie nicht nur eine Strophe des Gedichtes, sondern auch ein Symbol und eine der sechs Farben aus dem Farbenkreis des Dichters zu. Bereits im Jahr 2006 beschäftigte sich die Künstlerin in den 32 Radierungen des Künstlerbuches »Mit Goethe den Farbenkreis durchlaufen« mit Goethes Farbenlehre, die er in der dreiteiligen Schrift »Zur Farbenlehre« 1810 veröffentlicht hat. Der darin beschriebene Farbkreis wurde zu einem Grundmotiv beider Buchobjekte.

Sechs Exemplare des Künstlerbuches fertigte Beisinghoff an, jedes ist ein Unikat: 20 nicht nummerierte Blätter in Leporellofaltung (46 x 35,5 cm) mit zwei aufgehefteten Lagen aus drei verschiedenen handgeschöpften Papieren, gebunden als Flaggenbuch. Auf den Falz der gefalteten Bogen sind in chronologischer Reihenfolge die Porträts der sechs jungen Frauen gedruckt, die in Goethes Leben eine Spur hinterließen. Ausschlaggebend für die Anordnung sind die Jahre, die sie mit dem Dichterfürsten verbanden: Friederike Brion 1770 – 1771, Lili Schönemann 1775, Charlotte von Stein 1775 – 1786, Christiane Vulpius 1788 – 1816, Marianne von Willemer 1814 – 1815 und Ulrike von Levetzow 1820 – 1823. Die Platzierung der Porträts hat Barbara Beisinghoff in ihrem Künstlerbuch bewusst gewählt: Die Frauen fungieren in Goethes Leben als Musen, sie sind vorübergehende Inspirationen, Randerscheinungen im Leben des Dichters.

Das Spiel der Künstlerin mit Farbe, Symbolik und Form bietet viel Raum für Interpretation. So ist zum Beispiel auf einem violetten Hintergrund das Porträt von Friederike Brion platziert. Die aus feurigem Rot und kühlem Blau zusammengesetzte Farbe kann für das schnelle Aufflammen und Abkühlen der Liebe des Dichters zu der Pfarrerstochter stehen, die ihn zu den Sesenheimer Liedern inspirierte. Aus diesem Grund ist das ihr zugewiesene Symbol im Verweis auf den Vers »Stund im Nebelkleid die Eiche« aus Goethes Gedicht »Willkommen und Abschied« ein Eichenblatt. Christiane Vulpius wird das lebensbejahende Gelb zugeordnet. Goethe lernte sie 1788 kennen. Ein Jahr darauf kam ihr Sohn August zur Welt, erst 18 Jahre später folgte die Eheschließung. Goethes Umfeld lehnte die Beziehung zu Christiane ab, sodass das Mit-

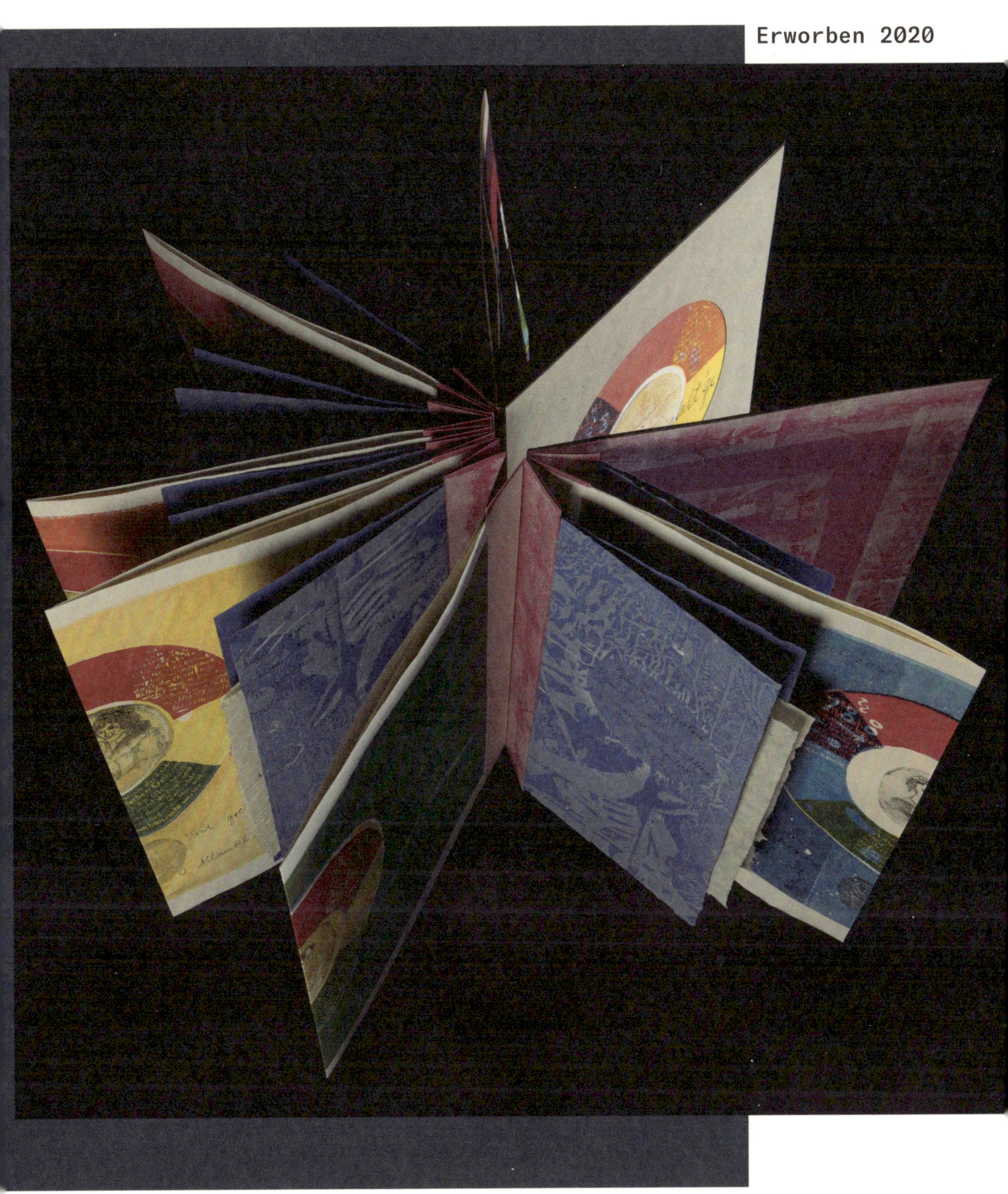

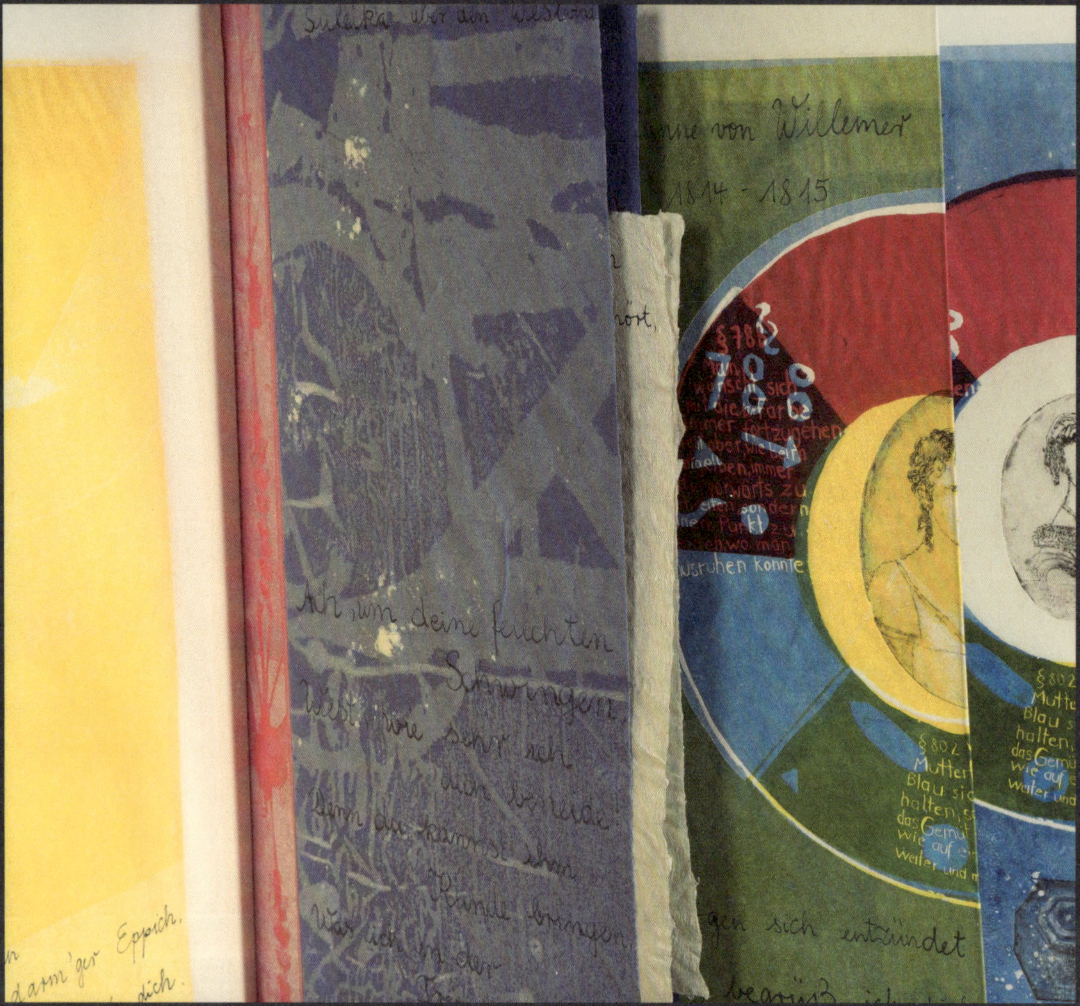

Suleika über den Westwind

...nne von Willemer

...1814 - 1815

Ach, um deine feuchten
Schwingen,
West, wie sehr ich
dich beneide:
Denn du kannst ihm
Kunde bringen,
Was ich in der
...

...darm'ger Eppich,
... dich.

...gen sich entzündet

...usruhen konnte

§ 802
Mutter
Blau
halten,
das Gemü
wie auf
weiter und

einander des Paares auf die häuslichen vier Wände begrenzt blieb. Christiane fuhr laut einer Überlieferung allein nach Bad Lauchstädt zum Tanzen, daher weist ihr die Grafikerin die durchtanzten Schuhe als Symbol zu.

»Marianne von Willemer ist mir die Liebste von den in das Künstlerbuch eingebundenen Frauen«, sagt Beisinghoff selbst. Ihr ordnet sie die Farbe Grün und als Symbol das Ginkgoblatt zu. Der 65-jährige Dichter lernte die über dreißig Jahre jüngere österreichische Sängerin, Tänzerin und Schauspielerin 1814 kennen. Die talentierte junge Frau trug zu Goethes West-östlichem Divan drei Gedichte bei. Der Dichter übernahm sie leicht verändert aus persönlichen Briefen in den Zyklus, ohne die Autorin namentlich zu erwähnen. Erst kurz vor ihrem Tod verriet die junge Frau das Geheimnis ihrer Autorschaft dem ihr bekannten Publizisten Herman Grimm, der diese anschließend publik machte. Die drei Gedichte aus der Feder Willemers nimmt Beisinghoff in das Künstlerbuch auf: »Hochbeglückt in deiner Liebe«, »Was bedeutet die Bewegung«, »Ach, um deine feuchten Schwingen«. Sie schreibt diese auf blaues Papier, das zwischen den großen Bogen in Leporellofaltung eingebunden ist. Innerhalb der blauen Bogen platziert sie auf handgeschöpftem weißem Papier Strophen aus Goethes Gedicht »Wiederfinden«, sodass der Dialog zwischen dem Dichter und seiner Suleika gewahrt bleibt.

Barbara Beisinghoff lernte in Hannover die Radierung und studierte Kunsterziehung und Freie Malerei. Die vielfach ausgezeichnete Grafikerin arbeitete als artist-in-residence in Belgien, Israel, Kanada, USA und China. Den Kern ihrer Arbeit bilden Farbradierungen, Künstlerbücher, handgeschöpfte Wasserzeichen und deren Installation. Als Papierkünstlerin schafft es Beisinghoff in allen ihren Werken, dem verwendeten Material eine besondere Bedeutung zu verleihen.

Alexandra Serjogin

Buch Hiob, Martin Luther (1534)

2016

»Warum?« – ist die Frage Hiobs an seinen Gott, warum ist das Leid, sind die Plagen in der Welt, sind sie sinnhaft, gottgewollt?

Der Zweifel, die Skepsis, der Hader mit der Unbill – all dies sind auch ganz ohne religiöse Anbindung die Fragen, die sich anhand all der Plagen im Leben und hier exemplarisch im Leben Hiobs stellen.

2012 begannen die beiden figurativen Wiener Künstler und Druckgrafiker Wolfgang Buchta (geb. 1958) und Konrad Planegger (1958 – 2014) sich in ihrer intensiven Bildsprache mit der Theodizee-Thematik auseinanderzusetzen und ein gemeinsames Künstlerbuch, das »Buch Hiob«, in der aus heutiger Sicht so bildstarken, fast deftigen Luther-Übersetzung von 1534 zu planen.

Nach Konrad Planeggers frühem Tod im Jahr 2014 hat Wolfgang Buchta das gemeinsame Projekt auf der Basis der bereits fertigen Lithografie-Steine und Vorzeichnungen allein und in freundschaftlichem Respekt zu Ende gebracht.

Bereits beim ersten Durchblättern des Künstlerbuches sieht man die Referenzen an frühe Buchmalerei und Bibelgestaltung – auf eine ganz blattvergoldete Seite zu Beginn folgt eine ornamentierte Seite, die ästhetisch zugleich mittelalterliche Anklänge hat, wie auch die Ornamentik der Wiener Schule zitiert. Auch die Text- und Bildanordnung sowie die Varianten des Seitenspiegels haben ästhetischen Bezug zur Bibelgestaltung: die häufige Verwendung der Zweispaltigkeit im Text zum Beispiel. Und überhaupt, der Text: Wolfgang Buchta schrieb ihn als fortlaufenden Textkörper, in fast mönchischer Konzentration und innerer Abgeschiedenheit über Wochen und Monate von Hand – wie er es bei jedem seiner Künstlerbücher tut – und bei jedem in einer dem Text und seiner Entstehungszeit angemessenen anderen Handschrift. Das war und ist – heute allemal – eine beeindruckende, und wie Buchta anmerkt, beglückende Zeitarbeit, in der sich der Künstler auf besondere Weise den Text förmlich einverleibt. Per Umdruckverfahren wurden diese Textblöcke dunkelrot auf die Buchseiten gebracht, ebenso wurden per Umdruckverfahren die Vorzeichnungen Planeggers in das ganze bildliche Gefüge eingepasst. Die vielfarbigen Grafiken selbst sind in einer Kombination unterschiedlicher originalgrafischer Techniken gedruckt; von den Betrachtenden kaum auseinander zu dividieren finden sich Radierungen, geätzt und als Kaltnadel, ebenso wie Farblithografien und von Hand aquarellierte einzelne Partien.

So stehen einander auf 64 Seiten Text und Bild gegenüber, in immer unterschiedlicher

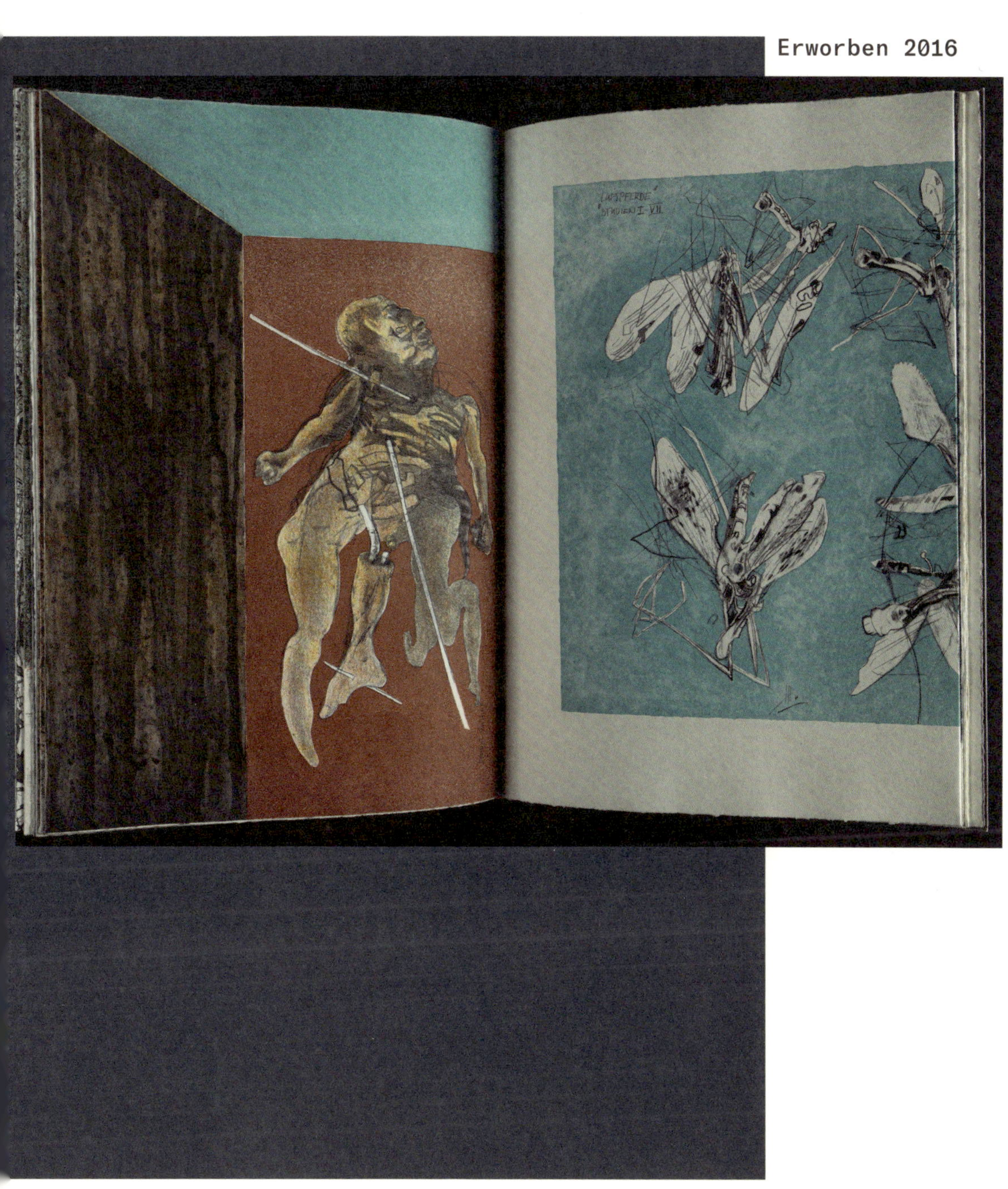

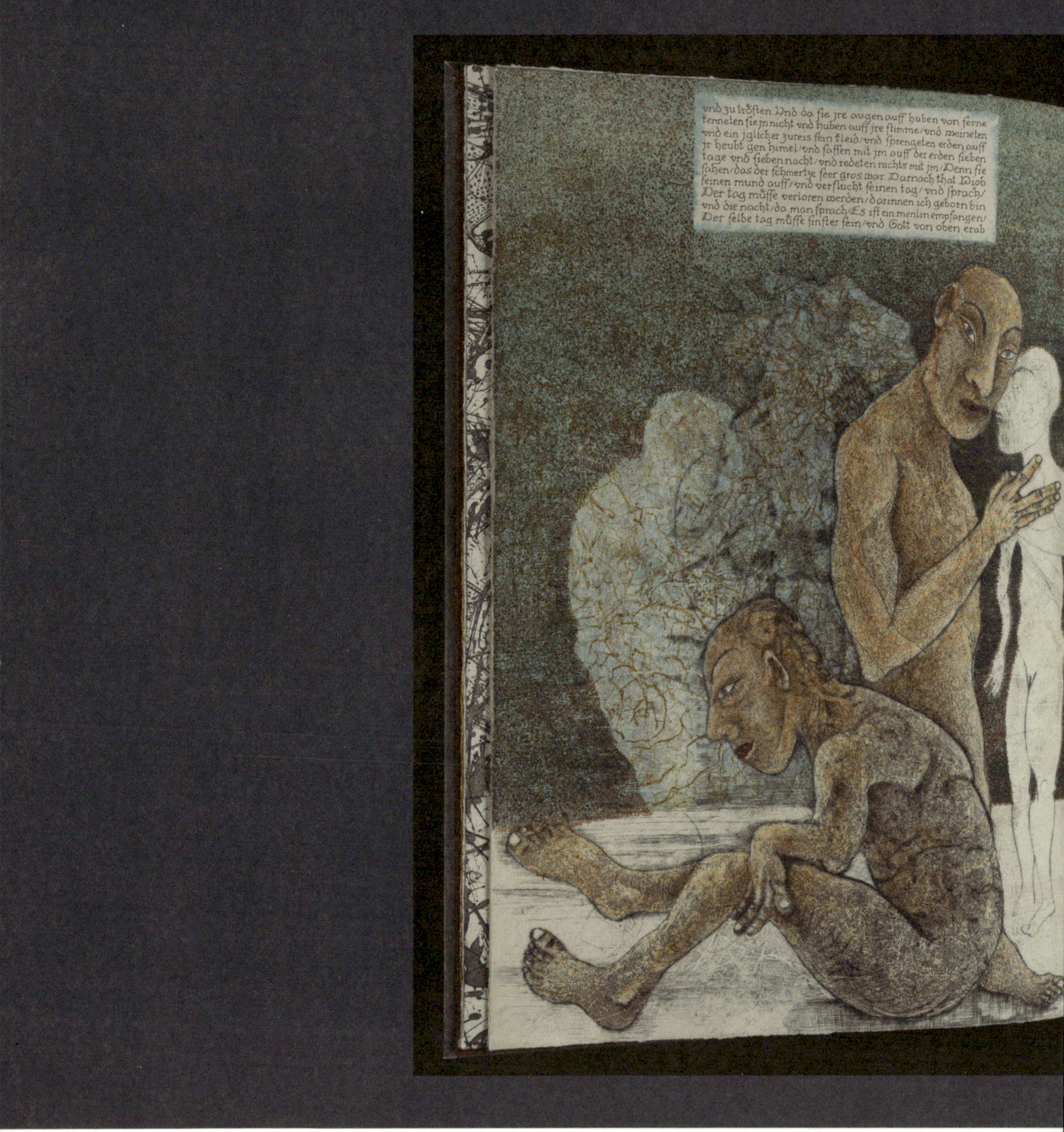

Kombination und Proportion. In der Gestaltung ist jede Doppelseite von den anderen verschieden und kommt in der Art der Gestaltung kein zweites Mal im Buch vor.

Und dennoch träfe der Begriff der Illustration im Falle des »Buches Hiob« so ganz und gar nicht zu. Die intensiven Bildwelten sind nicht auf konkrete Textstellen bezogen, die Qualen und Plagen finden sich in allen Grafiken des Buches, die surrealen Figuren von Buchta spiegeln durchgängig und mal mehr, mal weniger konkret die äußeren und inneren Kämpfe Hiobs wider. Leid und Verzweiflung sind in der still hockenden und immer wiederkehrenden Figur Buchtas zu finden, der Kampf gegen alle Unbill in der vielarmig gestikulierenden expressiven Figur Planeggers. Die Figuren sind durch feingewobene Kupfer-

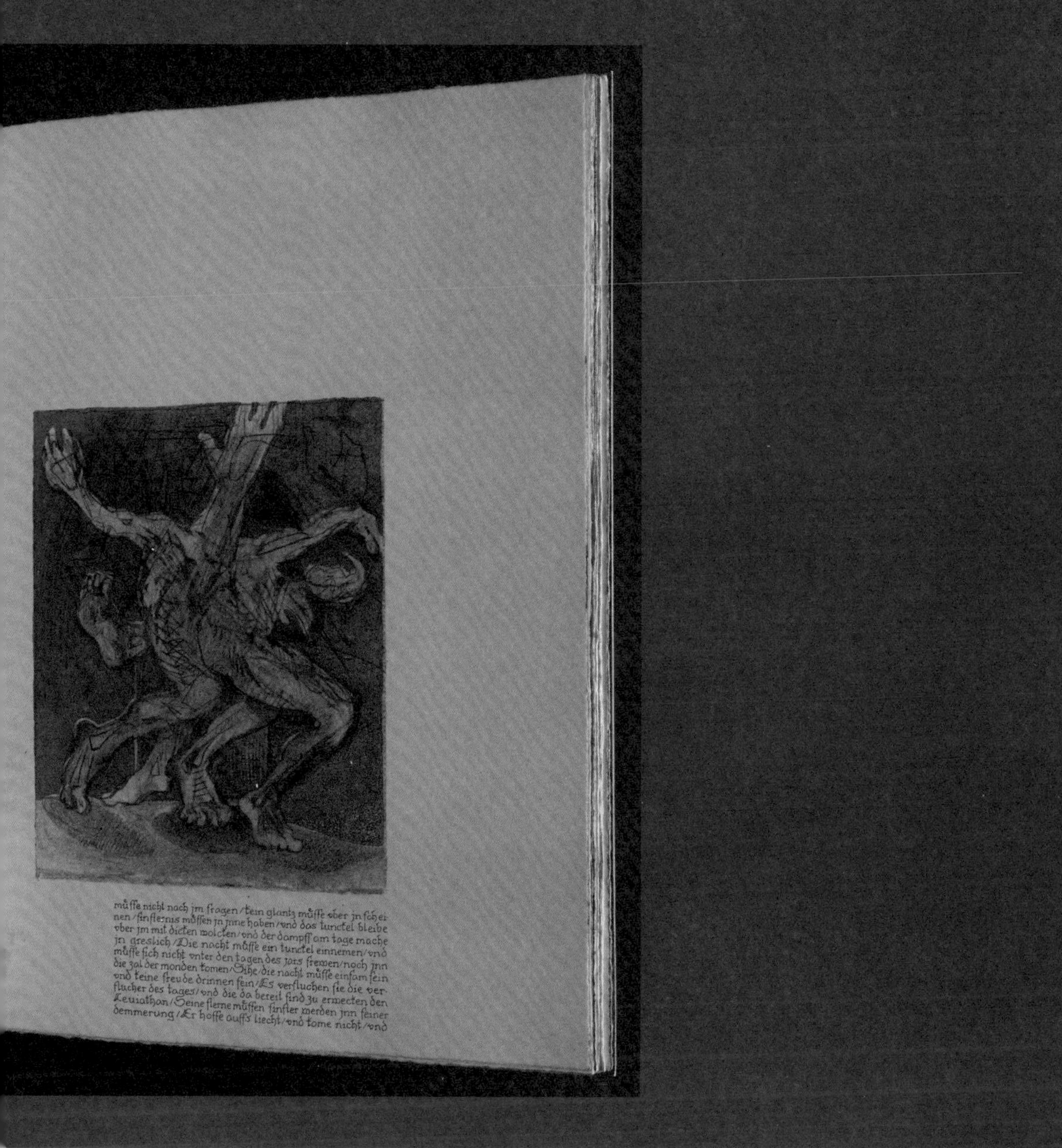
müsse nicht nach jm fragen / kein glantz müsse vber jn schei-
nen / finsternis müssen jn jnne haben / vnd das tunckel bleibe
vber jm mit dicken wolcken / vnd der dampff am tage mache
jn greslich / Die nacht müsse ein tunckel einnemen / vnd
müsse sich nicht vnter den tagen des jars frewen / noch jnn
die zal der monden komen / Sihe / die nacht müsse einsam sein
vnd keine freude drinnen sein / Es verfluchen sie die ver-
flucher des tages / vnd die da bereit sind zu erwecken den
Leuiathan / Seine sterne müssen finster werden jnn seiner
demmerung / Er hoffe auffs liecht / vnd kome nicht / vnd

stich-Liniensysteme auf oft lithografierten, vorherrschend blaugrünen oder rotbraunen Farbflächen unterschiedlicher Form gebildet – und auch die Insektenplagen werden vielfach und in Relation bedrohlich groß visualisiert.

Dass am Ende mehrere einfarbig bedruckte Seiten in den im Buch vorherrschenden Farben vorkommen, begründet Buchta damit, dass er den Betrachter*innen eine Möglichkeit der friedlichen Erholung von der Bildintensität des Buches geben wollte.

Die ungewöhnliche Kooperation zweier bildender Künstler in einem Künstlerbuch macht das »Buch Hiob« auch zu einem Buch der Freundschaft.

Susanne Padberg

ELENA BERRIOLO

A Book as a Bridge among Religions

2017

Als Henri Matisse mit der Schere malte oder Lucio Fontana seine Leinwände mit dem Messer aufschlitzte, suchten beide nach einem physischen Durchdringen der Dinge mittels ihrer Kunst. Die Künstlerin Elena Berriolo (geb. 1959) nutzt dazu ihre Nähmaschine: Während ihrer Performances entstehen genähte Linien, die zusammenfügen oder teilen, seien es Stoffe, Flächen oder auch Diskurse. Die Muster ihrer genähten Kunst werden von den Menschen vorgegeben, denen sie zufällig begegnet. Elena Berriolos Atelier ist kein geschlossener Raum, sondern der öffentliche – ihre Arbeiten entstehen auf der Straße, auf der Parkbank oder im Bus. Seit 2009 hat sich die in New York lebende Performance-Künstlerin selbst verpflichtet, ausschließlich im Buchformat zu arbeiten und bei der Produktion ihrer Bücher aufzutreten. Dabei sind es immer hochaktuelle politische und gesellschaftliche Themen, denen sich Elena Berriolo widmet und die sie festhält – vielmehr festnäht: Aus Äußerungen und Meinungen zufällig vorbeikommender Personen erzeugt sie mit der Nähmaschine einen Linienfluss, der, nicht planbar in Form und Länge, aus dem Moment heraus entsteht und wächst.

Am 18. Februar 2017 sitzt Elena Berriolo im High Line Park in New York City, in der Nähe der 34th Street, mit ihrer Nähmaschine und einem 20 Fuß (etwa 6 m) langen Akkordeonbuch aus Tarlatan (versteifter Gazestoff aus Baumwolle/Leinwandbindung). Der High Line Park ist eine Grünanlage, entstanden auf einer ehemaligen Güterzugtrasse im Hochbahnnetz von Manhattan und ein Ruhepol oberhalb des städtischen Trubels. Elena Berriolo bittet vorbeikommende Spaziergänger*innen, sich zu ihr zu setzen und ein Muster zum Nähen für die Nähmaschine auszuwählen. Dann fragt sie »What do you believe in?« / »Woran glaubst du?« und näht mit dem gewählten Muster so lange, wie die Person bereit ist zu erzählen. Die meisten Leute sind Touristen aus verschiedenen Ländern, und die Muster unterschiedlicher Ausprägung und Länge im Künstlerbuch »A Book as a Bridge among Religions« veranschaulichen, wie sehr sich ihre Geschichten und Anschauungen unterscheiden. Die Künstlerin möchte in ihrem Buch religiöse Überzeugungen mit einem »roten Faden« verbinden und Unterschiede überbrücken: Es soll ihr Beitrag zu einer Kundgebung werden, die am folgenden Tag mit dem Titel »I Am A Muslim Too« am Times Square stattfindet. Elena Berriolo muss aber auch überrascht feststellen, dass sich einige Personen mit dem Zweck des Buches nicht einverstanden zeigen, da religiöse Unterschiede nicht einfach durch ein Buch zu überbrücken seien. Das Buch wird dennoch Teil des Protestmarsches und viele Teilnehmer*innen halten das auseinandergefaltete Akkordeonbuch gemeinsam in die Höhe und verbildlichen damit die Verbindung, die ein Buch auch zwischen den Religionen sein kann.

Viele der unikalen Performance-Künstlerbücher von Elena Berriolo beginnen im Titel

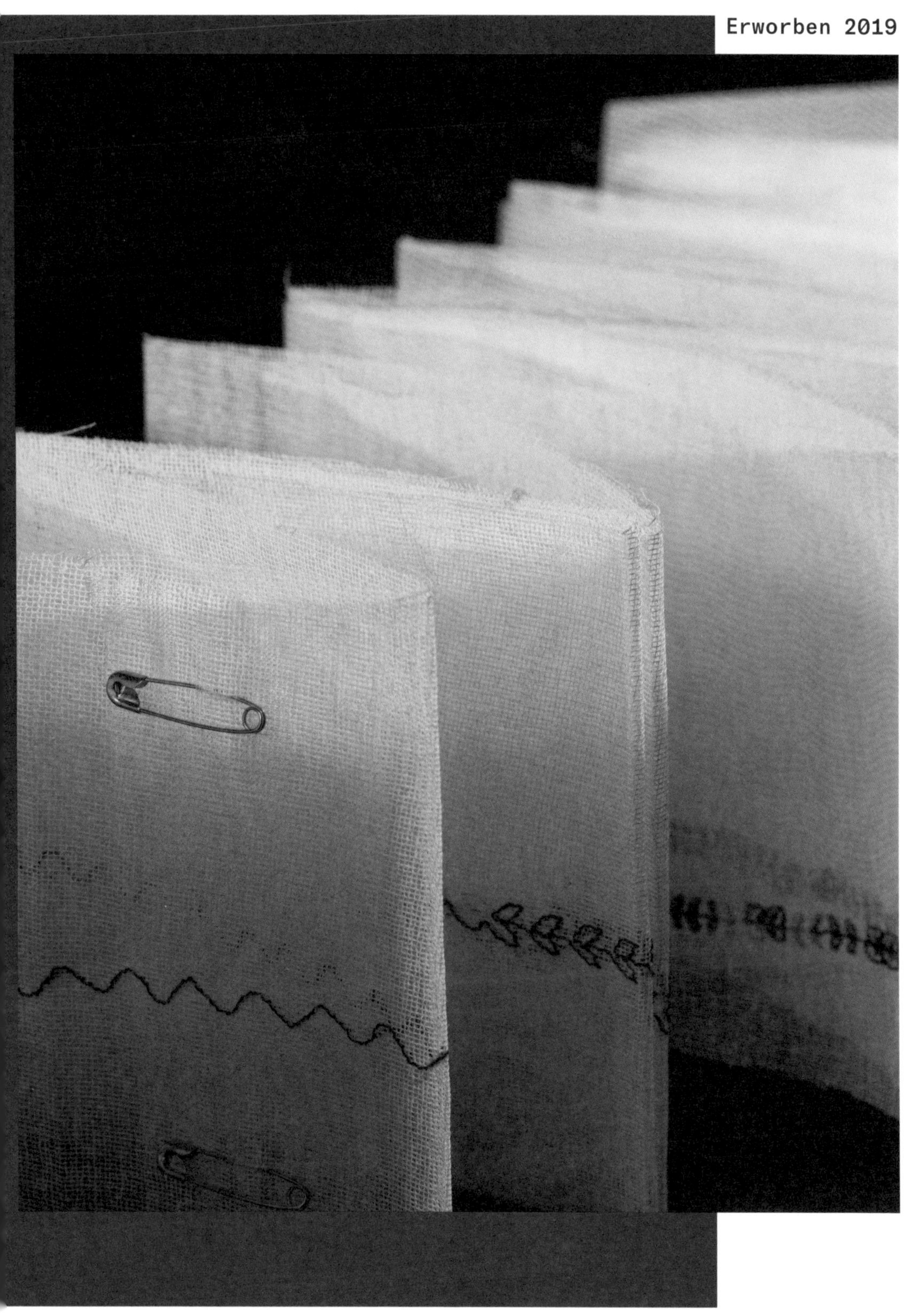

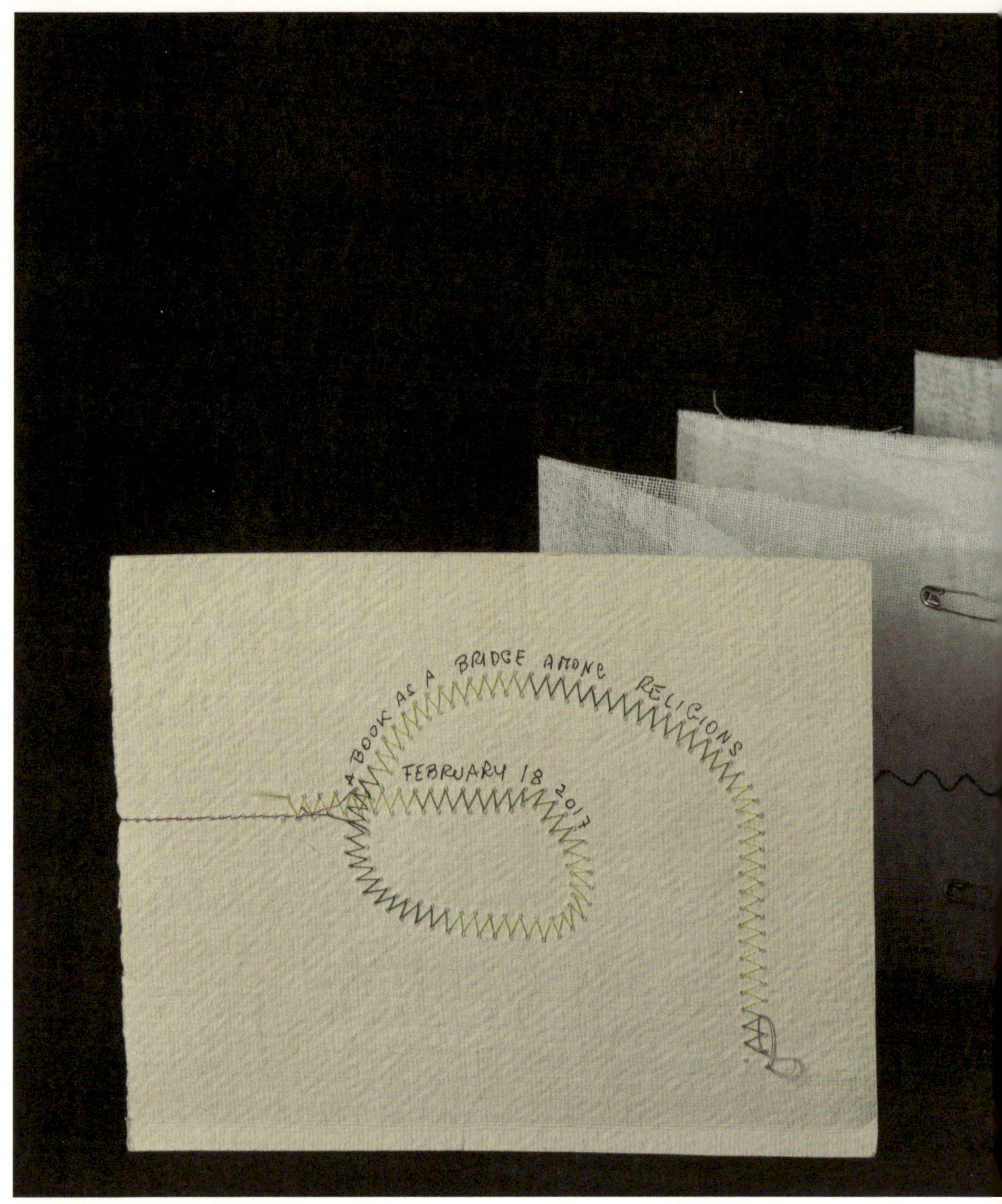

mit »A Book as a Bridge [...]«, etwa [...] »Diversity« oder »[...] Across the Mexican Border« und sind eine künstlerische Reaktion auf Unterdrückung. Mit »A Book as a Pink Line« zu den Frauenmärschen in Washington 2017 oder ihrem jüngsten Performance-Buch »A Book as a Seam for Our Reproductive Rights« (2021) macht Berriolo auf Frauenrechte aufmerksam und engagiert sich mittels eines vornehmlich Frauen zugeschriebenen Instruments, der Nähmaschine. Trotz des etwa durch den italienischen Futurismus oder das Bauhaus aufkommenden Interesses für die Maschine als künstlerisches Werkzeug blieb die Näh-

maschine stets der weiblichen Domäne verhaftet und diente in erster Linie der notwendigen Fertigung von Kleidung. Nähte sind nach wie vor allgegenwärtig und umgeben uns in allen Bereichen. Sie sollen möglichst nicht sichtbar sein, aber die Dinge zusammenhalten. Elena Berriolo setzt mit ihrer Kunst die Geschichte des Verbindens und Reparierens auf anderer Ebene fort.

Sarah Janke

BELDAN SEZEN

Wetrocities
2018

Wetrocities – der Titel dieses Künstlerbuches ist ein Wortkonstrukt aus »We« und »Atrocities« (= Gräueltaten). Es ist ein Buch über das kollektive Gedächtnis. Die Künstlerin Beldan Sezen (geb. 1967) hat darin zwei persönliche Geschichten, die ihr zwei ältere Menschen, die einander nicht kannten, erzählt haben, zu einer zusammengefügt, um auf ein Problem aufmerksam zu machen: die gesellschaftliche Konstruktion des Weißseins.

I must have been about four
when I dropped my doll
onto the streets of my hometown.
An elderly man would pick it up
and hand it back to me.
Thank you, sir! I was told by my parents
to always be polite.
Only this time my parents told me otherwise.
Once back home I was spanked for calling him
»Sir«.
You see . . . he was not ›we‹,
and you never say »Sir« to a ›colored‹ person.
NEVER!
NOT WE.

Diese kurze Episode macht deutlich: »Weiß« zu sein ist ein soziales Konstrukt, und Abgrenzung wird allein durch die Macht der Sprache möglich. Doch es geht dabei auch um Wahrheit und Mut. Denn das kleine Mädchen, dem diese Geschichte widerfahren ist, entscheidet, dass die Wahrheit der Eltern nicht die ihre ist. Es entscheidet, nicht mehr Teil dieses »Wir« zu sein und hat den Mut, die Haltung der eigenen Eltern in Frage zu stellen. Beldan Sezen geht es um das Aufzeigen der Grenzen des menschlichen Miteinanders und darum, dem Ungesagten Raum zu geben. Deshalb sind ihre Worte und Bilder – oder eben deren Auslassung – gleichermaßen wichtig. Mit dem Buch »Wetrocities« hinterfragt sie, warum Themen tabuisiert werden, welche Auswirkungen es hat, in diesen sozialen Strukturen zu leben, und wann das Empfinden sozialer Gerechtigkeit greift.

Die Konstruktion von »Weiß« wird auch in der Materialauswahl von »Wetrocities« sichtbar: Beldan Sezen verwendet kein rein weißes Papier für ihr Buch, sondern alltägliches Zeitungspapier, als Ausschnitt unserer Gegenwart, welches sie mit weißer Farbe übermalt. Dabei scheint die Schrift – an einigen Stellen mehr, an anderen weniger – weiterhin durch. Die handgeschriebenen Geschichten werden durch ihre Zeichnungen in Blotted-Line-Technik visualisiert. Andy Warhol hat diese Technik für die serielle Reproduzierbarkeit von Alltagsmotiven entwickelt. Dabei wird eine Bleistiftzeichnung mit Tusche auf durchscheinendes Papier kopiert und anschließend abgedruckt. Die Stärke der Linien lässt sich dadurch verändern; das Bild entsteht fast zufällig, da das Ergebnis auf dem bedruckten Blatt nicht kontrolliert werden kann und die gedruckte Linie nie so sauber und ordentlich wie in der Bleistiftversion ist. Sezen kontrastiert ihre Tuschezeichnungen anschließend mit leuchtendem Gelb. Eine Signalfarbe, die einerseits Aufmerksamkeit weckt, andererseits auch als Warnung wahrgenommen werden kann, indem sie einen kritischen Zustand markiert, der menschliches Eingreifen erfordert. »Wetrocites« gibt

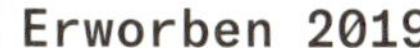

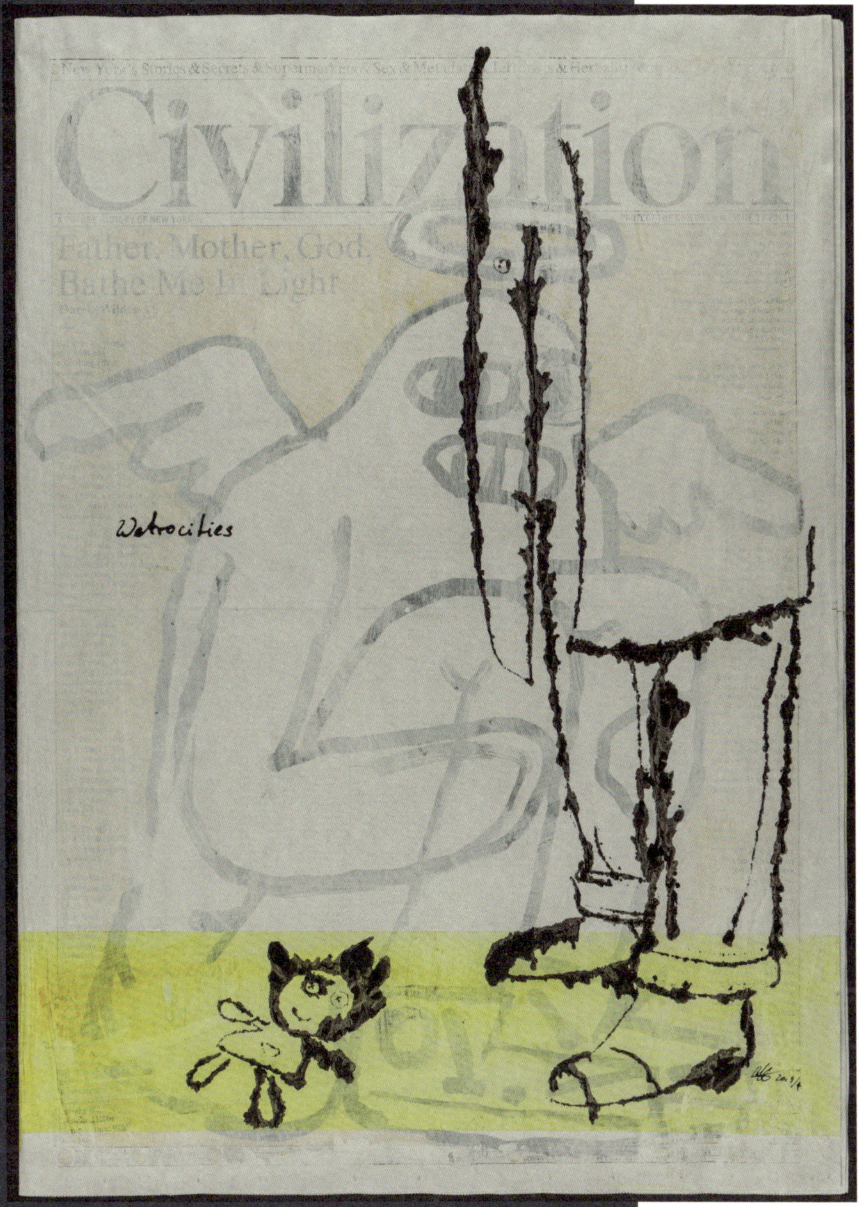

Denkanstöße: Ganz subversiv wird durch die Dialektik von Schwarz und Weiß, Gegenwart und Geschichte, Intensität und Reduktion, ein gesellschaftspolitisches Statement gesetzt.

Beldan Sezens Werk umfasst Graphic Novels, Künstlerbücher, Zeichnungen, Essays und Installationen. Sie ist türkischer Abstammung, gebürtige Deutsche und lebt sowohl in Amsterdam als auch in New York, wo sie sich in der Künstlervereinigung Booklyn engagiert.

Sarah Janke

HYEWON JANG

August Stramm, Urtod

2018

[...]
Raum
Flirren
Raum
Zeit
Raum
Irren
Nichts.

So endet das Gedicht »Urtod« des deutschen Dichters August Stramm (1874 – 1915), der im Ersten Weltkrieg an der Ostfront fiel und als einer der radikalsten Dichter des Expressionismus gilt. 1919 wurde es postum im Lyrikband »Tropfblut. Gedichte aus dem Krieg« veröffentlicht. Nur ein Wort pro Zeile und immer wieder »Raum« – die lyrische Architektur des Gedichtes ist lang und schmal, die Wortfolge nimmt eine beinahe mechanische Rhythmisierung an.

Lang und schmal, in einem ungewöhnlichen Hochformat, ist auch die weiße Schutzkassette, mit der Hyewon Jang (geb. 1982) ihr Künstlerbuch »Urtod« umschließt: So nimmt sie die Form des Gedichtes wieder auf, das in deutscher und englischer Sprache auf den Innenseiten der Kassette abgedruckt ist. Schlägt man das darin befindliche Buch auf, öffnet sich ein fächerartiger Buchraum, dessen Seiten punktuell über eine Fadenbindung miteinander verbunden sind und die im Querformat betrachtet werden wollen: Wabenartige kleine Räume entfalten sich, von denen jeder einen einzelnen Wortbaustein des Gedichtes ebenfalls auf der einen Seite in deutscher und auf der anderen in englischer Sprache enthält. Auf diese Weise ist »Raum« nicht nur ein tragendes Element des Gedichtes, sondern wesentliches Strukturmerkmal des Künstlerbuches. Die Worte stehen übereinander, hintereinander, aber auch für sich, sodass jedes einzelne Wort voll zur Entfaltung kommt. Das ermöglicht die gleichzeitige Betrachtung mehrerer Seiten und verschiedene Leserichtungen. »Jedes einzelne Wort wirkte auf mich intensiv und schwer«, so die Künstlerin. Ihre Wahrnehmung des Gedichtes berücksichtigt Hyewon Jang auch im Druckprozess, indem sie die Worte in schwarzer Farbe auf weißes Papier stempelt. Die filigrane und klare Form des Buches wirkt dazu beinahe kontrastierend: Leichtigkeit und Schwere verbinden sich auf visueller und inhaltlicher Ebene.

Eine solche Harmonie zwischen Buchform und Inhalt prägt das künstlerische Schaffen von Hyewon Jang, die immer wieder neue skulpturale Formen und räumlich veränderbare Strukturen in ihren Künstlerbüchern entwickelt. Jang studierte Textilkunst und Modedesign an der Hongik University Seoul, bevor sie 2010 ihr Studium der Buchkunst an der Burg Giebichenstein Kunsthochschule Halle begann und als Meisterschülerin 2018 absolvierte.

Alexandra Serjogin
und Sarah Janke

Erworben 2019

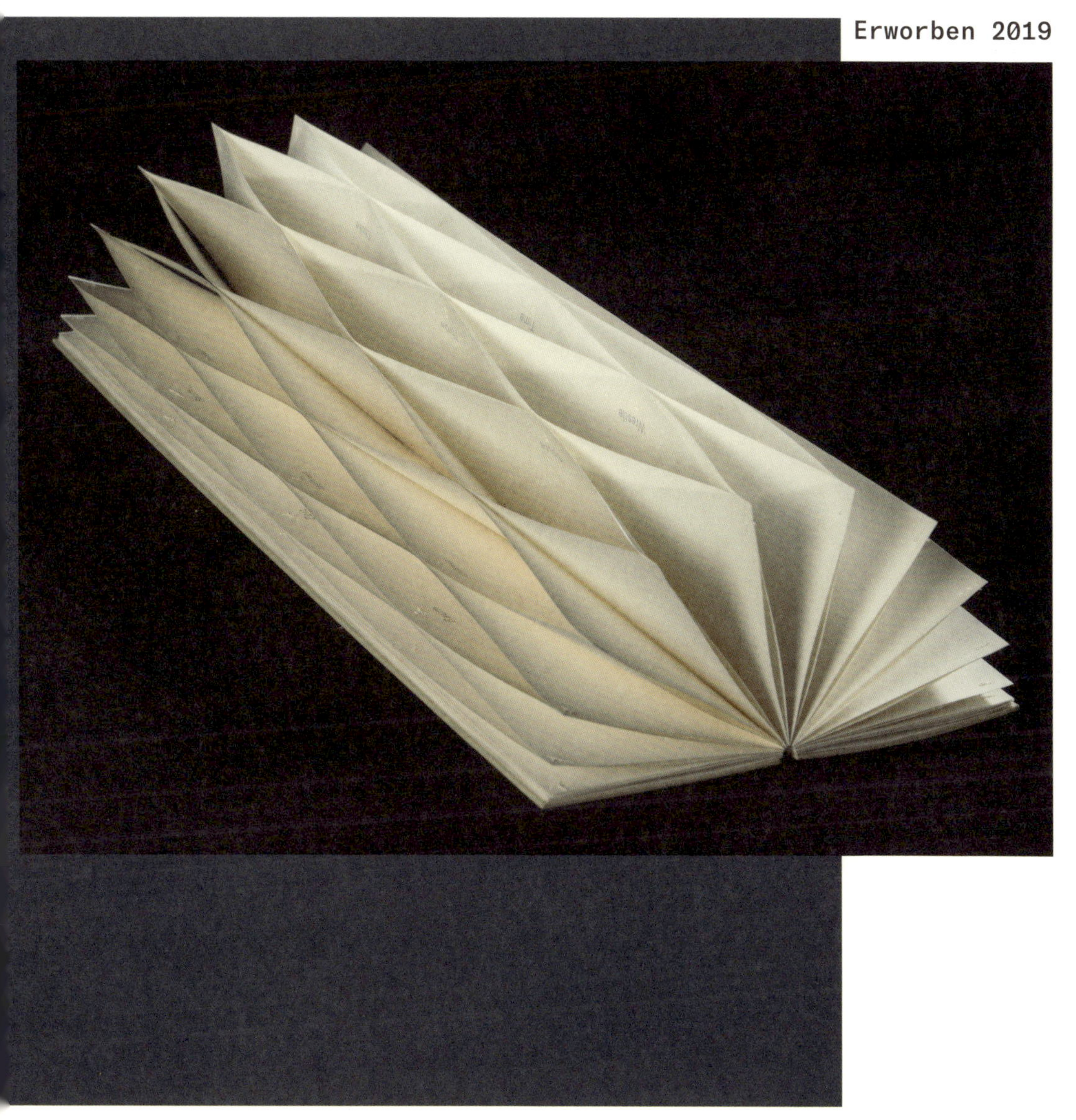

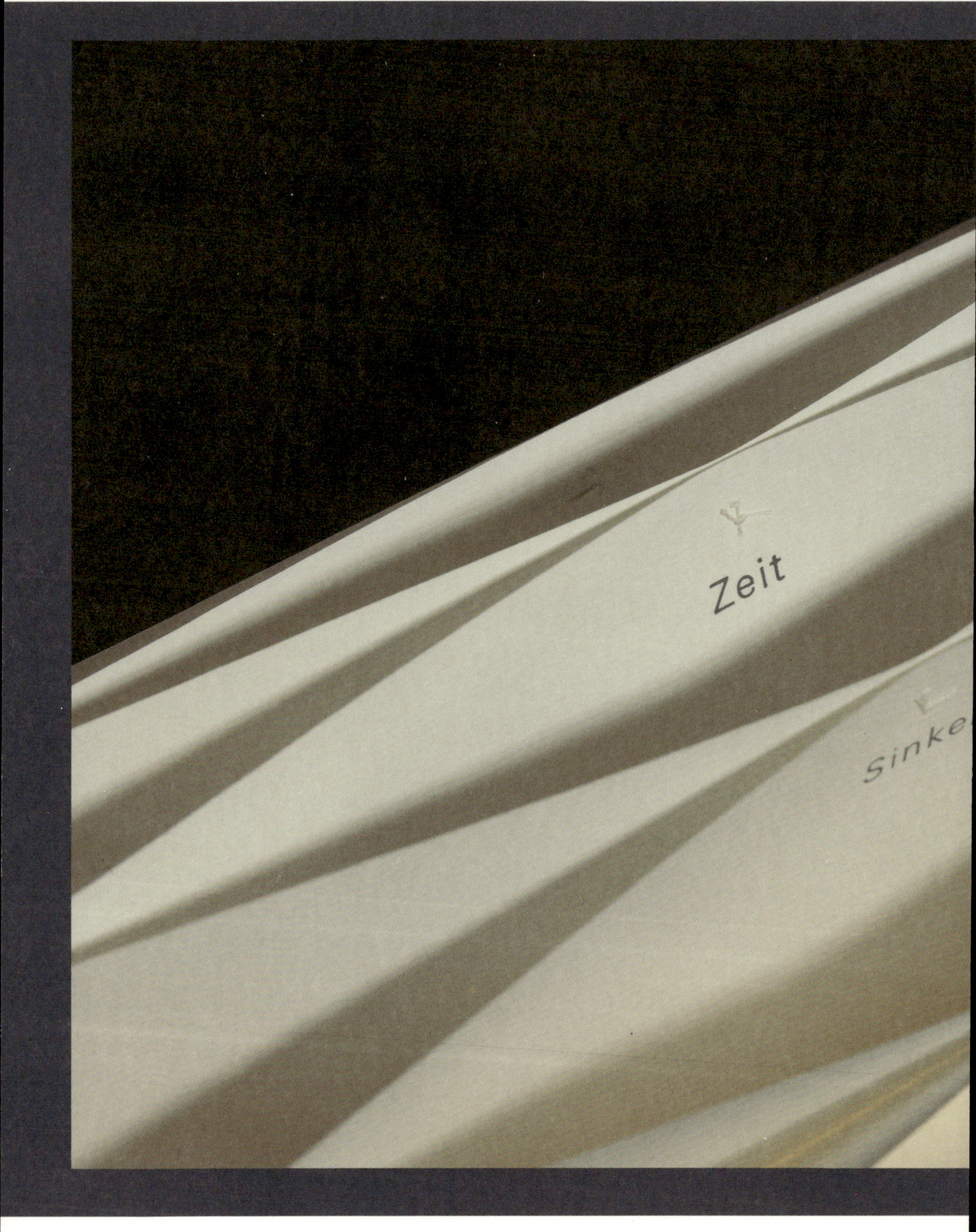
Zeit
Sinke

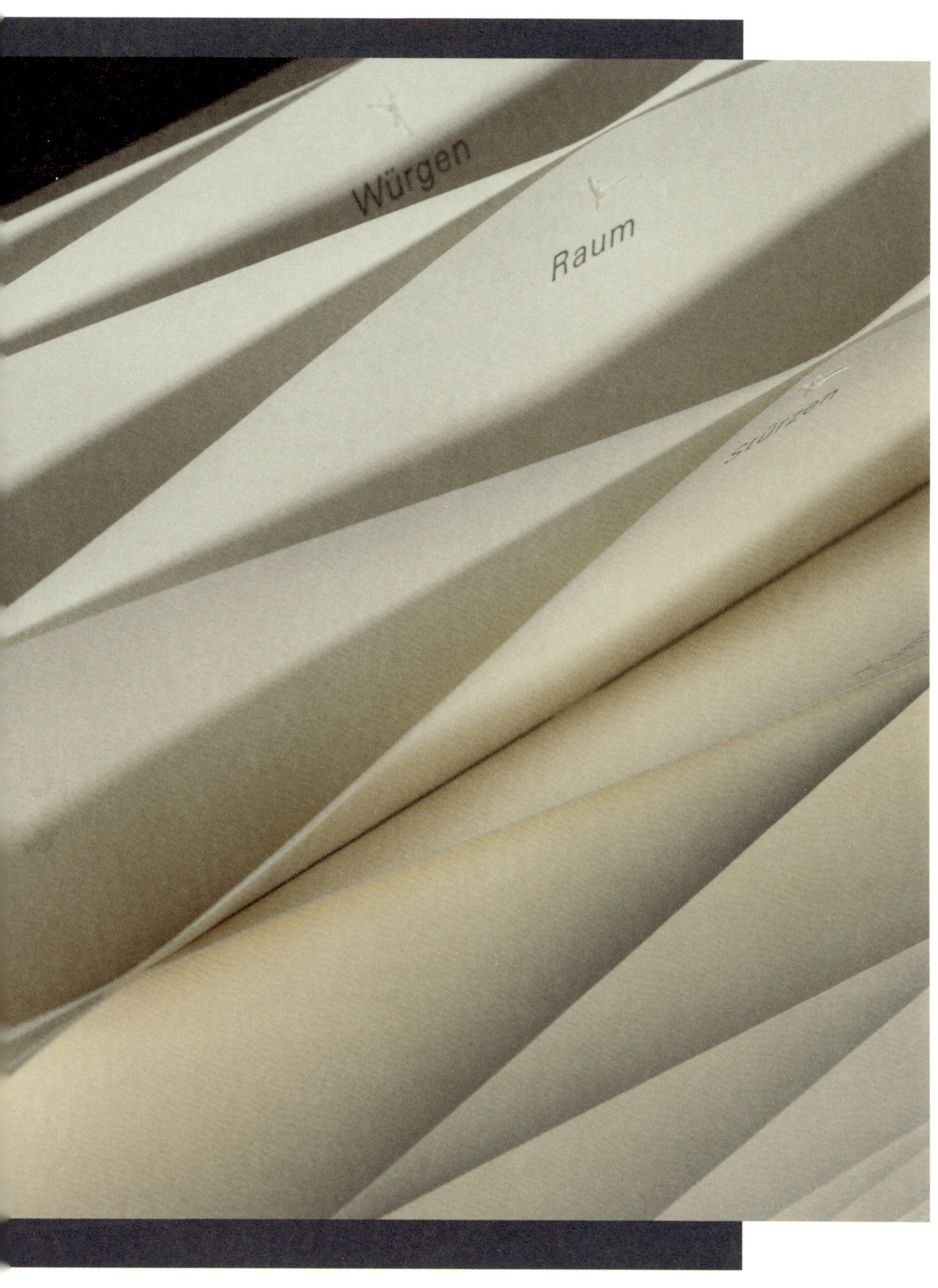
Würgen
Raum
Stürzen

VERONIKA SCHÄPERS

Yoko Tawada, Jin-shin Jiko

2018

Ein fahrender Zug, das Geräusch der Gleise, der stetige Rhythmus, ein Wechsel zwischen Licht und Schatten und plötzlich Stillstand: Personenschaden. Personenschaden, so lässt sich wohl auch der Titel des Textes »Jin-shin Jiko« der japanischen Autorin Yoko Tawada (geb. 1960) übersetzen, auf den sich das gleichnamige Künstlerbuch von Veronika Schäpers (geb. 1969) bezieht. Es geht um die Ordnung des öffentlichen Nahverkehrs in Tokios U-Bahnen, von der jeder Fahrgast abhängig ist. Eine Ordnung, die lebensbedrohende Fehler aufweist, die aber auch stetig getestet und perfektioniert wird.

Denn nahezu im Sekundentakt verunglücken Menschen am Gleis: Sie werden von heranfahrenden Zügen erfasst, stürzen auf die Schienen, werden eingeklemmt. Der Grund dafür sind fehlende Absperrungen und die kaum beherrschbaren Personenmassen, die tagtäglich den Nahverkehr nutzen. Der Mangel an Sicherheitsvorkehrungen und großes Gedränge sind seit Jahrzehnten ursächlich für die Probleme. Yoko Tawada hat Gesprächsfetzen, U-Bahn-Ansagen und flüchtige Äußerungen während oder unmittelbar nach einem solchen Unfall schriftlich festgehalten.

Diese druckt Veronika Schäpers in ihrem Künstlerbuch auf Japanpapier. Dafür wählt sie ein schmales Hochformat. Inspiriert von den Fahrplänen der U-Bahnlinien, die in den Bahnstationen aushängen, ist der japanische Text vertikal angeordnet und liest sich von rechts nach links, im Wechsel mit der englischen Übersetzung, die auf der Rückseite jeder Seite horizontal angeordnet ist. Durch die unterschiedlichen Leserichtungen entsteht ein Doppelformat: Das Buch lässt sich drehen und wenden wie ein Fahrplan. Negative von Fotografien begleiten den Text. Diese veranschaulichen Szenen aus Tokios U-Bahnen und thematisieren nicht nur deren Problematik, sondern auch die Maßnahmen, die in den letzten Jahren ergriffen wurden, um Unfälle mit Personenschäden zu vermeiden – Absperrungen an den Bahnsteigkanten, farbige Lichter an den Bahnsteigenden und Notrufsäulen. Sie zeigen die vollen U-Bahnsteige, ein- und ausfahrende Züge und Mitarbeiter*innen, die versuchen, die Menschenmassen zu bändigen. Einige der in Grau gedruckten Fotos sind mit Farbflächen in den vorherrschenden Farbtönen der japanischen U-Bahnen unterlegt: Grau wie der Beton der Tunnel und Gelb wie die vielen Signalstreifen auf den Bahnsteigen.

Der Einband aus Karton ist mit dem Titel und einem kreisförmigen Symbol bedruckt,

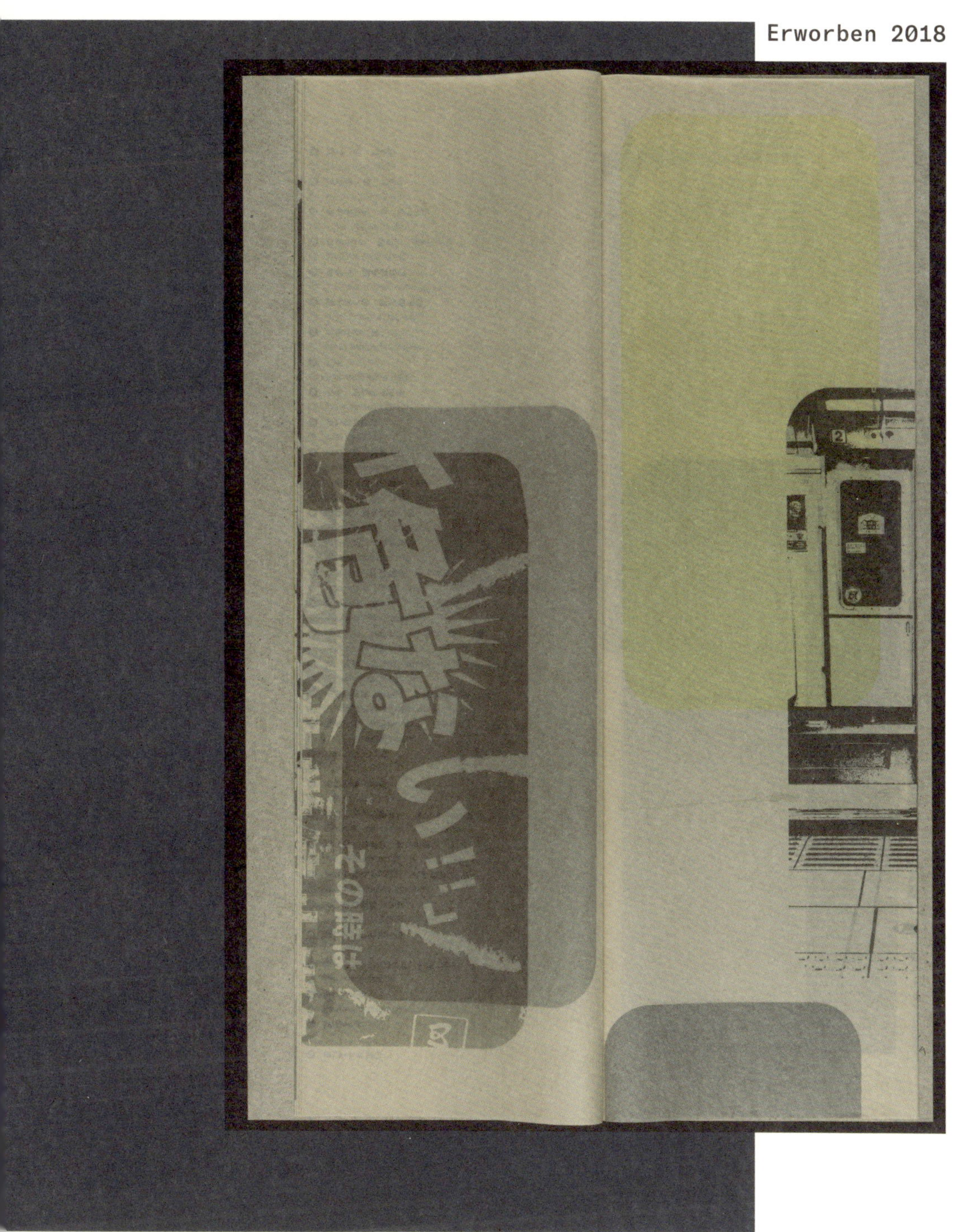

dem Emblem der einzelnen U-Bahnlinien. Das Buch wird zusätzlich in einen separaten Umschlag aus Karton platziert, in den eine gebrauchte Fahrkarte eingesteckt ist. Ein robuster Schuber aus Acrylglas wiederum schützt den Inhalt, fokussiert aber auch die in den Umschlag eingelassene Fahrkarte.

Das empfindliche Japanpapier lässt sich leicht wie ein Lufthauch blättern. Das Knistern kommt und geht so schnell wie ein durchfahrender Zug. Dadurch wird zusätzlich die Flüchtigkeit des Seins, des Moments, verdeutlicht: Es wird hörbar, wie schnell es plötzlich still werden kann.

Alexandra Serjogin
und Sarah Janke

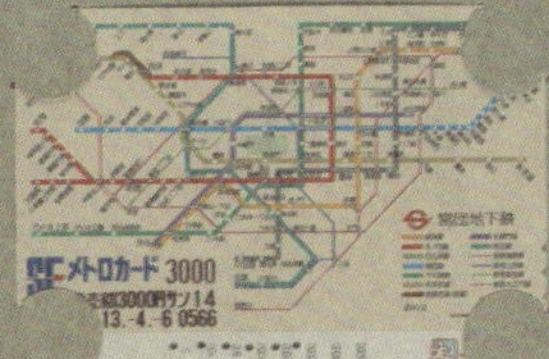

Yoko Tawada
Jin-shin Jiko

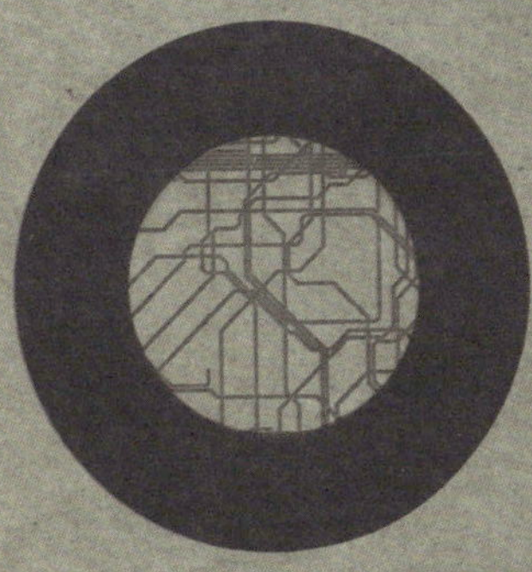

たわだ　ようこ
じんしんじこ

A Threnody for the Dispossessed

2019

Es wird oft vergessen: Schon früh sind in Künstlerbücher die Erfahrungen des Krieges und seiner Folgen eingegangen, schon früh auch als Threnoi, als Trauer- und Klagelieder, so in jenen berühmten Totengesang, der aus der Zusammenarbeit – und Freundschaft – von Pablo Picasso und dem Lyriker Pierre Reverdy hervorgegangen ist. 1944/1945 entstanden und 1948 bei Tériade in Paris erschienen, bewahrt der »Chant des morts« die Leiden des Zweiten Weltkriegs, indem er Reverdys handschriftlichen Text und Picassos leuchtend roten Punkte und Linien in einen geradezu magischen Dialog treten lässt. Die Herzog August Bibliothek erwarb ein Exemplar des Buches noch in der ›Ära Kästner‹ 1965.

Auch Erik Ruin, der 1978 als Erik Reuland in Detroit geboren wurde, führt in seinem 2019 erschienenen Künstlerbuch Erfahrungen von Krieg, Flucht und Völkermord zusammen – geht dabei aber ganz eigene mediale Wege. »A Threnody for the Dispossessed«, das zwei Jahre nach seinem Erscheinen als erstes von zehn handsignierten Exemplaren für die Herzog August Bibliothek erworben wurde, umfasst eine über 18 Meter lange Bahn von 30 siebgedruckten Bildern in Leporellofaltung. Jede Bildseite wird von den Stimmen – von den Erfahrungen – Geflüchteter bzw. Überlebender begleitet, die mit Hilfe eines beiliegenden USB-Speichersticks eingespielt werden können. Ruin selbst hat Frauen und Männer aus dem Nahen Osten und aus Südamerika interviewt, aber auch Aufnahmen von Gesprächen mit Opfern nationalsozialistischer Gewalt integriert. Hinzu kommen Kompositionen des Musikers Julius Masri, der aus dem Libanon stammt, der wie Ruin aber in Philadelphia lebt und arbeitet. Ruin bezeichnet den auf diese Weise entstandenen multimedialen »chorus of voices« in einem ebenfalls beiliegenden Booklet als »wailing ode« und verweist damit zugleich auf sein Selbstverständnis als Performancekünstler. Das Booklet bietet Transkriptionen aller Tonaufnahmen.

Die Bilder selbst folgen einer alles in allem einfachen Formensprache, die an Holzschnitte erinnert, die aber die dargestellte Gewalt nicht völlig aus ihren historischen Bezügen löst: bis hin zu den Ertrunkenen, deren Körper nur noch schemenhaft fragmentiert im Meer zu erkennen sind. Ja, man kann der Kunsthistorikerin Viola Hildebrand-Schat zustimmen, die diese Sprache einmal mit der Sprache von »Bilderbögen« verglichen hat. Eine Beobachtung, die auf viele Arbeiten Ruins zutrifft – und die sogar geeignet

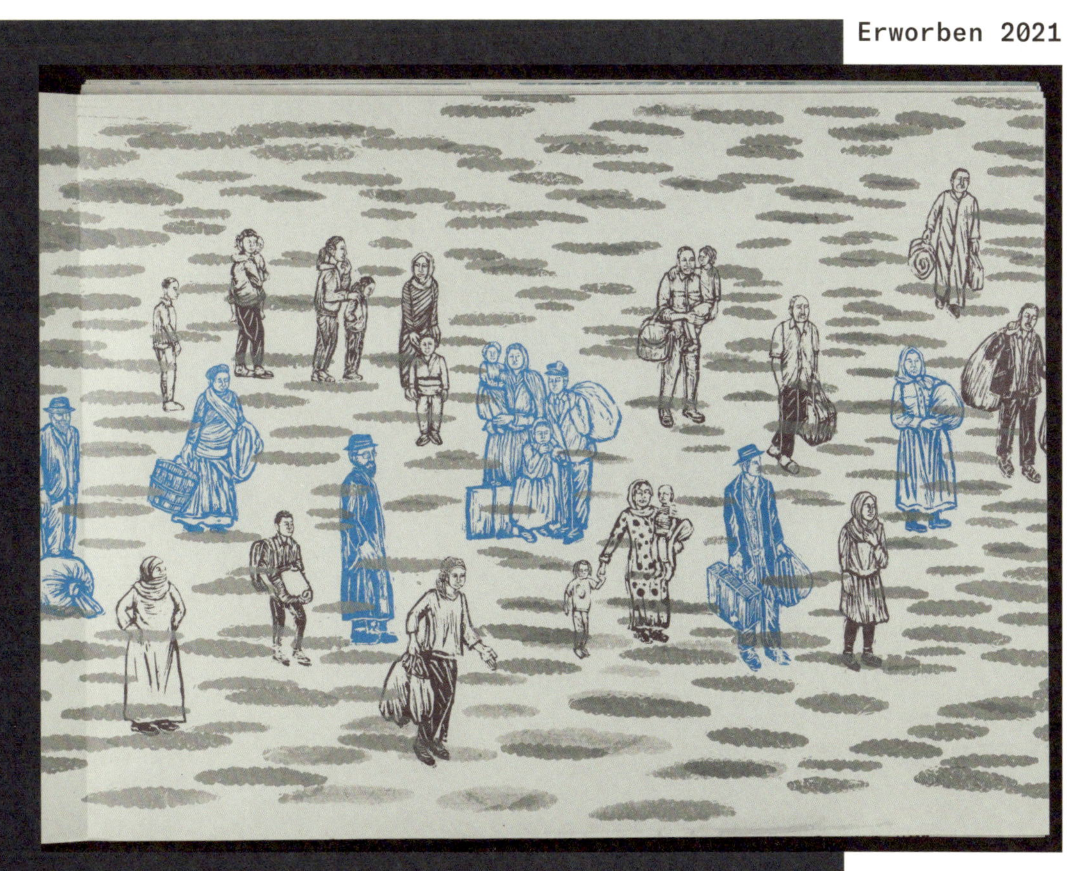

scheint, das ebenfalls 2019 erschienene Künstlerbuch »Letter from Isolation« zu charakterisieren, das auf den Briefen Ulrike Meinhofs aus dem »toten Trakt« der Justizvollzugsanstalt Köln-Ossendorf beruht. Eine Beobachtung zudem, die ohne Frage mit dem Interesse des Künstlers an Puppenspiel, Schattentheater und Scherenschnitt zu tun hat.

»A Threnody for the Dispossessed« entstand im Rahmen eines transkulturellen Projekts des Swarthmore College in Pennsylvania, das Buchkünstler*innen, aber auch Dichter*innen aus der ganzen Welt zusammenführte. Die Künstlerbücher, die aus diesem Projekt hervorgingen, sind inzwischen u. a. in Philadelphia und New York ausgestellt worden.

Peter Burschel

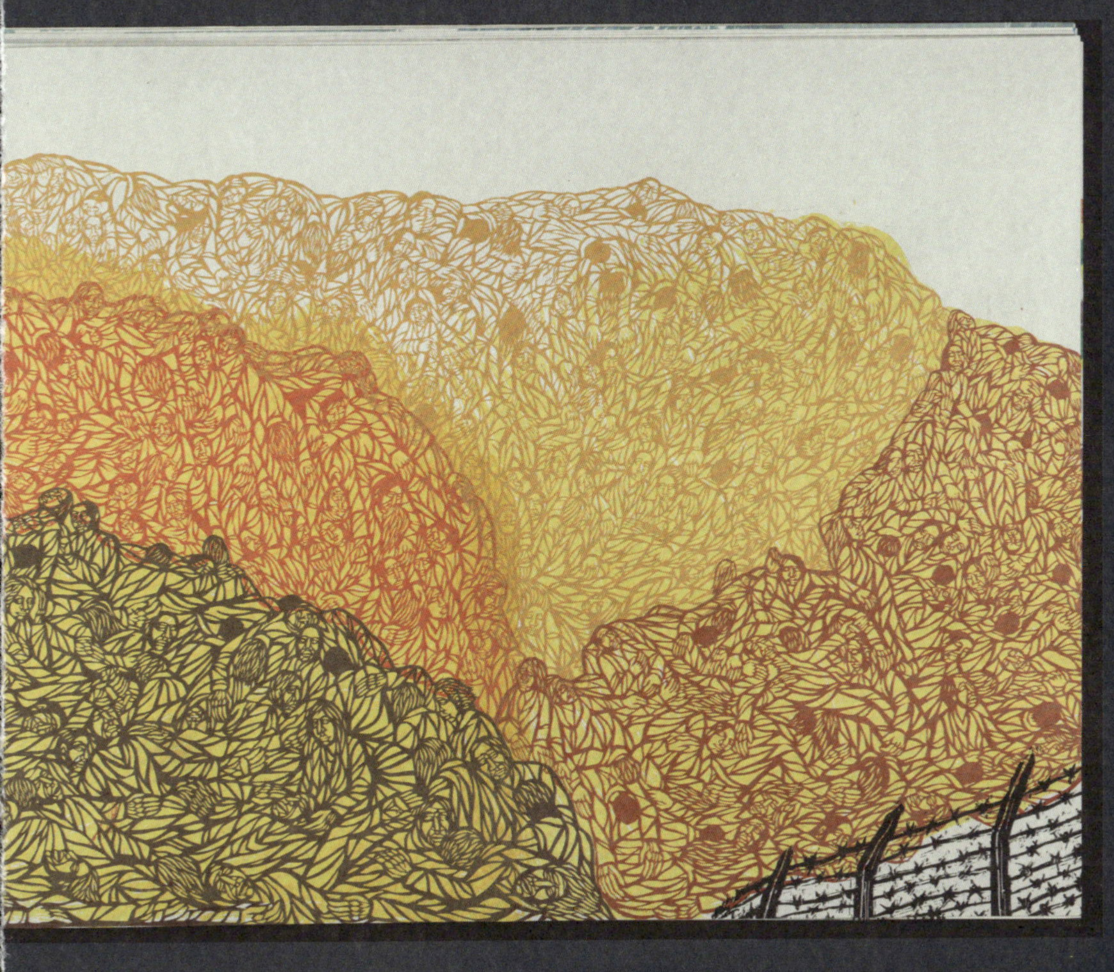

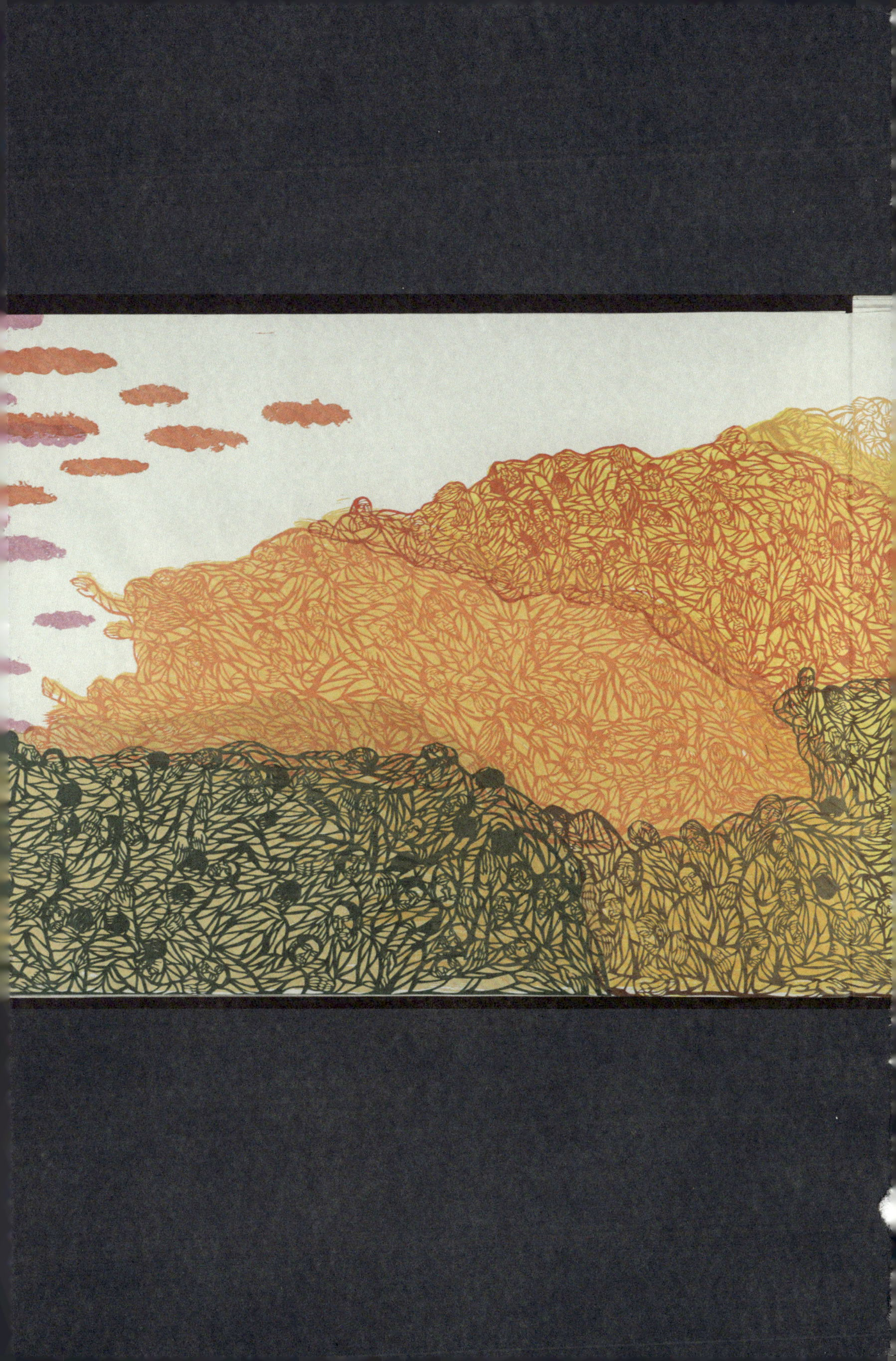

KAI PFANKUCH

Wege der Ameise

2019/2020

Das Künstlerbuch »Wege der Ameise« ist eine reflektierende Analyse der Gesellschaft und ihrer sozialen Ordnungen, von der Antike bis hin zu einer Zukunftsvision, und zeigt den kulturgeschichtlich variierenden Blick des Menschen auf sich selbst im Spiegel von Ameisen. Angeregt durch Niels Werbers Buch »Ameisengesellschaften. Eine Faszinationsgeschichte« (2013), das sich mit Ameisen als Metaphern zur Selbstbeschreibung von Gesellschaft in literarischen Texten beschäftigt, versammelt der Künstler Kai Pfankuch (geb. 1949) analog dazu Textauszüge von Plinius d. Ä., Ovid, Apuleius, Brant, Perrière, Lessing, Lichtenberg, Schopenhauer, Baudelaire, Laßwitz, Wells, Simmel, Jünger, Huxley, Vian und Hölldobler, die er Wort für Wort mit der Zeichenfeder abschreibt. Allen Texten gemeinsam ist der Topos der Ameisen und die Frage, inwieweit deren Form des Zusammenlebens auch ein Modell des Menschen und seiner sozialen Organisation sein könnte. Dabei deutet es die Auswahl der Autoren bereits an: In einzelnen Buchlagen entstehen leitbegrifflich ausgerichtete und zeitlich gestaffelte Themenblöcke zu Mythos, Traum (Antike) – Moral (Spätmittelalter, beginnende Neuzeit) – Vernunft, Staat, Revolte (Zeit der Aufklärung) – Großstadtgemenge, Gewimmel (Stadtentwicklung Mitte 19. Jahrhundert) – Satire, Horrorgeschichte (ausgehendes 19. Jahrhundert) – Persönlichkeit und Masse, Abstraktheit des Lebens (Stadtentwicklung ausgehendes 19. und frühes 20. Jahrhundert) – Totalitarismus, Uniformität, Krieg, Mensch-Maschine (Dystopie) – Organisation (Schwarm).

Die »Ameisentexte« werden durchgehend begleitet von zwei Kapiteln aus der Science-Fiction-Erzählung »Der Unbesiegbare« von Stanislaw Lem (1964), die von einem Schwarm selbststeuernder elektronischer Teilchen als Endstufe einer ›toten‹ Evolution von Maschinen handelt. Szenische Umsetzungen, Zeichnungen in Tusche und Aquarell, verbinden die literarischen Vorlagen miteinander. Die bildlichen Interpretationen, deren Farbskala von bedrohlich wirkendem Rot und kühlem Blau dominiert wird, zeigen Körperfiguren sowie Architekturdarstellungen und spielen assoziativ die unterschiedlichen zeitgeschichtlichen Aspekte einer Gesellschaftsordnung durch. Die utopischen Illustrationen der modernen kapitalistischen Massengesellschaft rufen Konnotationen von Technisierung, Automatisierung und Entfremdung hervor, doch dieser Eindruck wird durch die feine, persönliche Handschrift des Künstlers immer wieder relativiert. Neben dem Aspekt der Zeitlichkeit, der Rückwärts- und Vorwärtsgewandtheit von der Antike bis in die Zukunft, variiert Pfankuch auch die verschiedenen Dimensionen, indem er die Ameise in Schwarz-Weiß gehaltenen Darstellungen vergrößert und naturwissenschaftlich analysiert. In ihrer Komplexität detailliert erfasst, durchwandern die regen Tiere, die immer in Bewegung scheinen, in ruhiger Ordnung die Texte. Die Sozialität der Ameisen, doch genauso Taktung, Konformität und Struktur zeigen den Kern, aber auch den Wandel sozialer Systeme. Mit »Wege der Ameise« schafft Pfankuch eine Verbindung literarischer Inhalte und künstlerischer Ideen mit philosophisch-naturwissenschaftlichen Erkenntnissen als Echo in Vergangenheit und Zukunft. Eine Gesellschaftsgeschichte im Künstlerbuch.

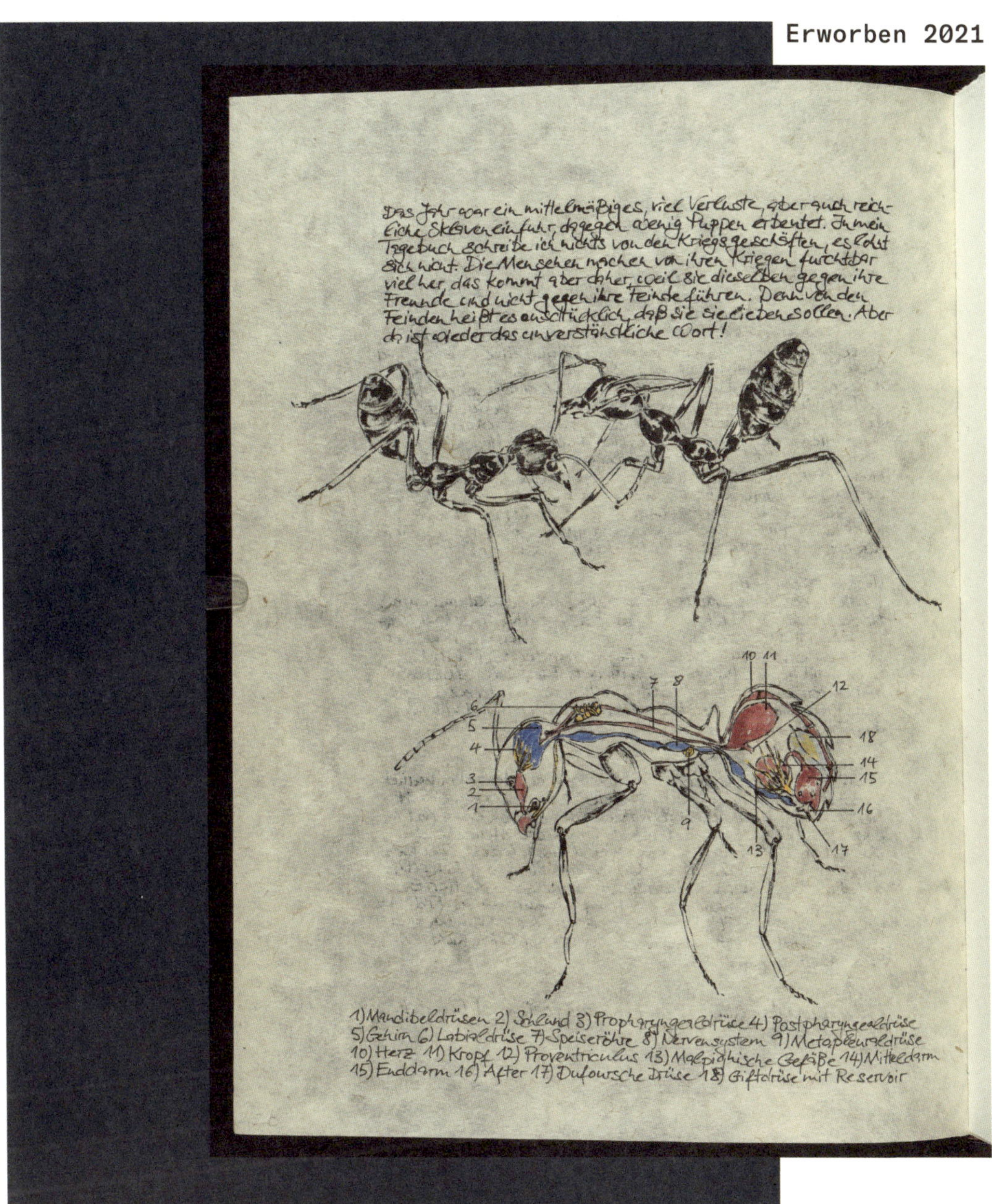

Kai Pfankuch ist Maler, Zeichner und Buchkünstler. Seine Arbeiten entstehen ausschließlich auf Papier: großformatige Aquarelle, aquarellierte Zeichnungen mit Pinsel und Tusche, Lithografien, Siebdrucke und Radierungen. Seit 1994 stellt er Künstlerbücher her, die er im Eigenverlag (Ikarus-Presse) herausgibt. Das Unikatbuch »Wege der Ameise« umfasst 120 Seiten handgeschriebene Texte auf halbtransparentem Chinapapier, begleitet von 52 Originalzeichnungen in japanischer Reibetusche und Aquarell. Der Künstler hat fast zwei Jahre daran gearbeitet und die literarischen Textvorlagen während eines Forschungsaufenthalts an der Herzog August Bibliothek recherchiert.

Sarah Janke

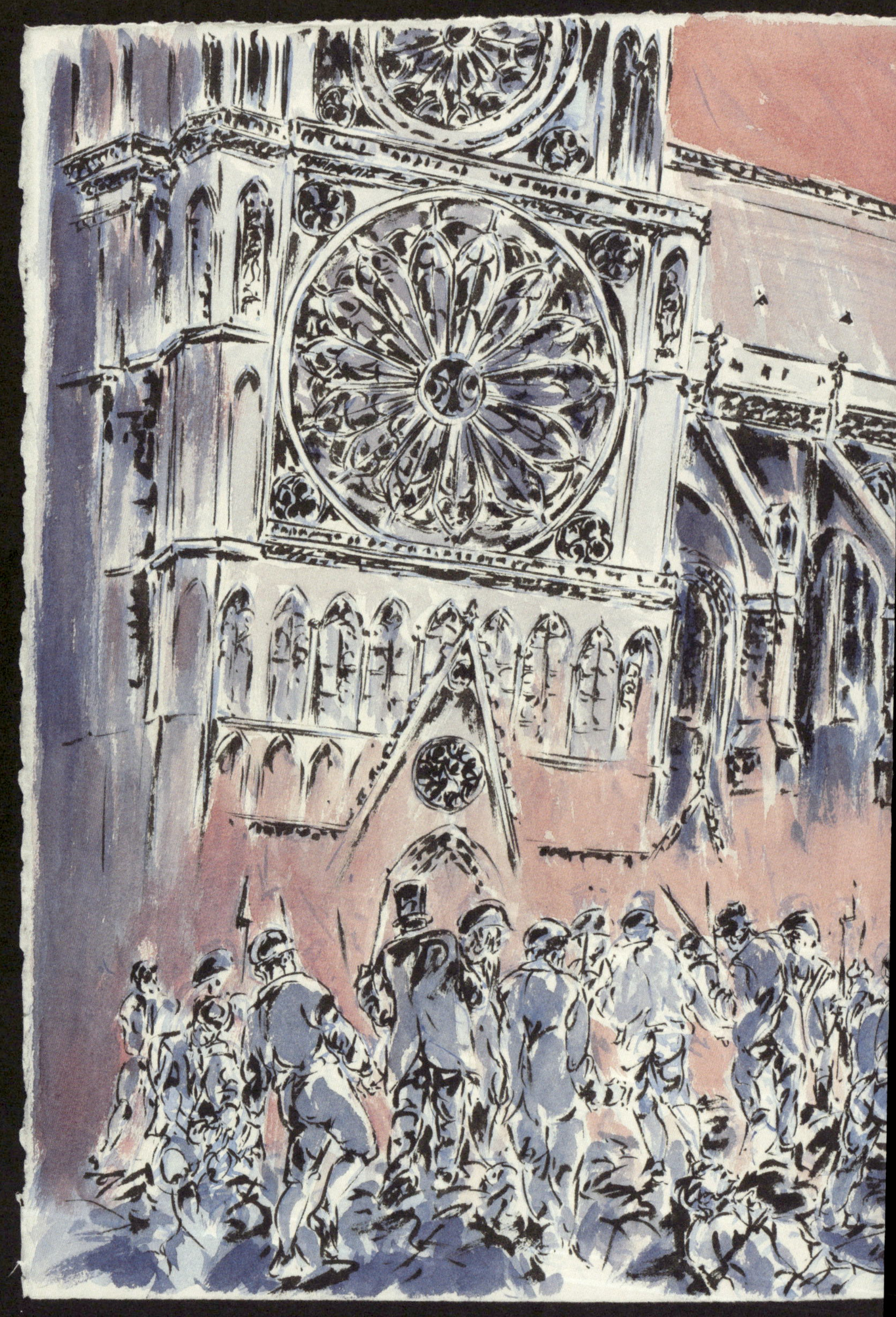

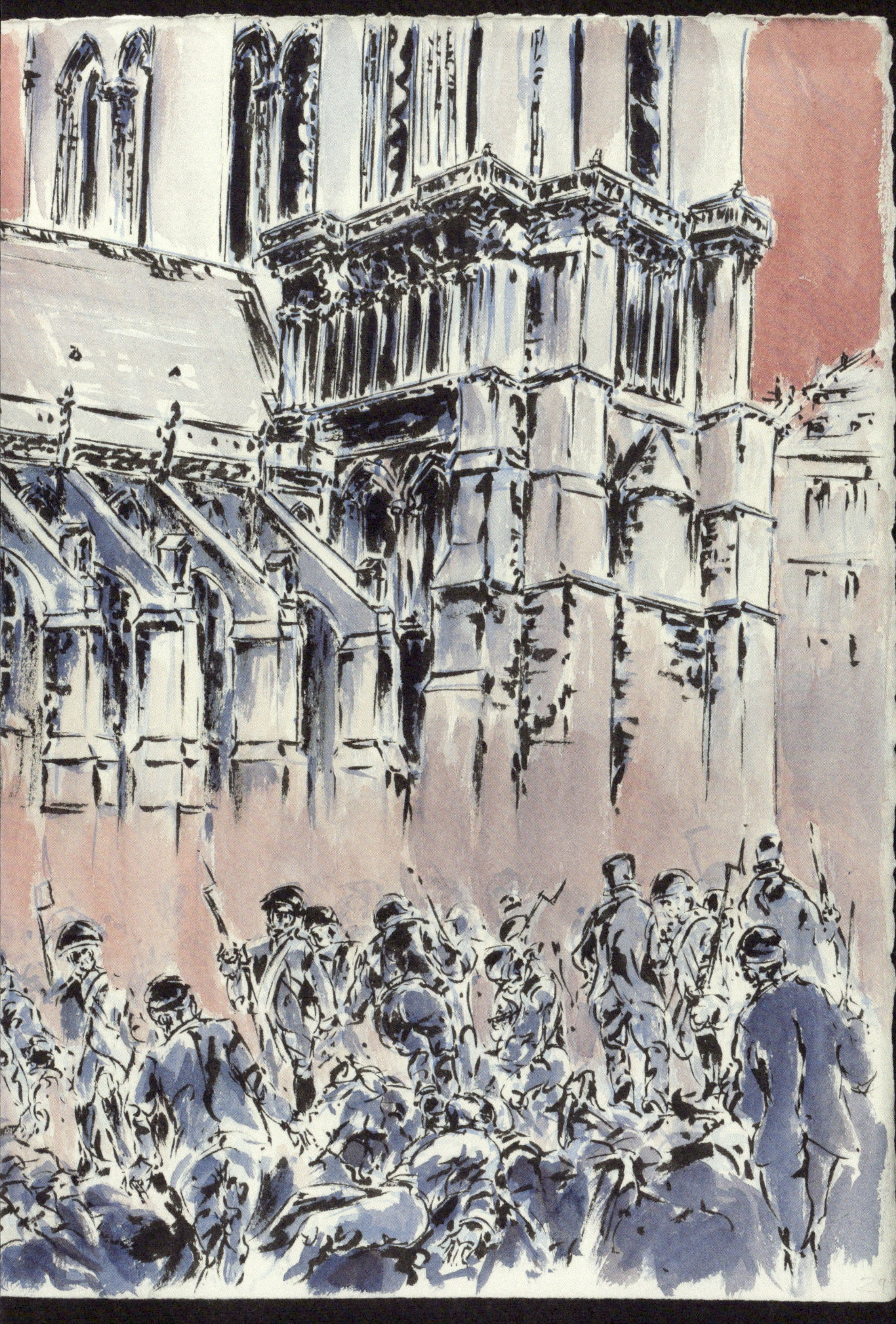

Käfig

2020

Im Jahr 2005 wurde die afghanische Dichterin und Journalistin Nadia Anjuman – mit nicht einmal 25 Jahren – von ihrem Ehemann erschlagen. Im selben Jahr hatte sie ihren ersten Lyrikband publiziert, der in Afghanistan und im Iran sehr populär wurde. Ihr klassischer Stil und ihr »Nähzirkel von Herat«, in dem Frauen unter dem Deckmantel der Handarbeit studierten, begründeten ihren Ruhm.

Die Buch- und Textilkünstlerin Carola Willbrand (geb. 1952) erinnert an Anjuman in ihrem Künstlerbuch »Käfig« und setzt gleichzeitig ein Zeichen für weibliche Autorschaft. Das Künstlerbuch besteht aus drei Elementen: einer Stola und zwei Büchern. Die Stola besteht aus schwarzem Stoff mit aufgenähter weißer Spitze mit floralem Muster, in die an den Enden zwei große Taschen eingenäht sind. Auf der Innenseite der Stola stehen in weißer Handschrift Namen und Lebensdaten von 28 während der Zeit des Nationalsozialismus verbotenen Autorinnen. In den Taschen sind zwei Bücher verborgen. Die beiden Bücher, die die Stola umschließt, tragen die Titel »Erinnerungen hellblau« und »Erinnerungen grau«. Die Bücher bestehen aus Papieren, die die Künstlerin aus eigener getragener Kleidung handgeschöpft hat. Sie sind gefärbt, mit Monotypien bedruckt und mit Fadenheftung versehen.

Bei dem querformatigen »Erinnerungen grau« hat man den Eindruck, durch ein Familienalbum zu blättern: Es sind Fotografien, die den Betrachter in die gemütliche Wohnstube vergangener Zeit versetzen. Umgeben von geblümten Tapeten, weißen Gardinen und plüschigen Sofakissen sitzen allein oder in der Gruppe Personen, die nicht genau erkennbar sind. Begleitet werden die Fotografien von

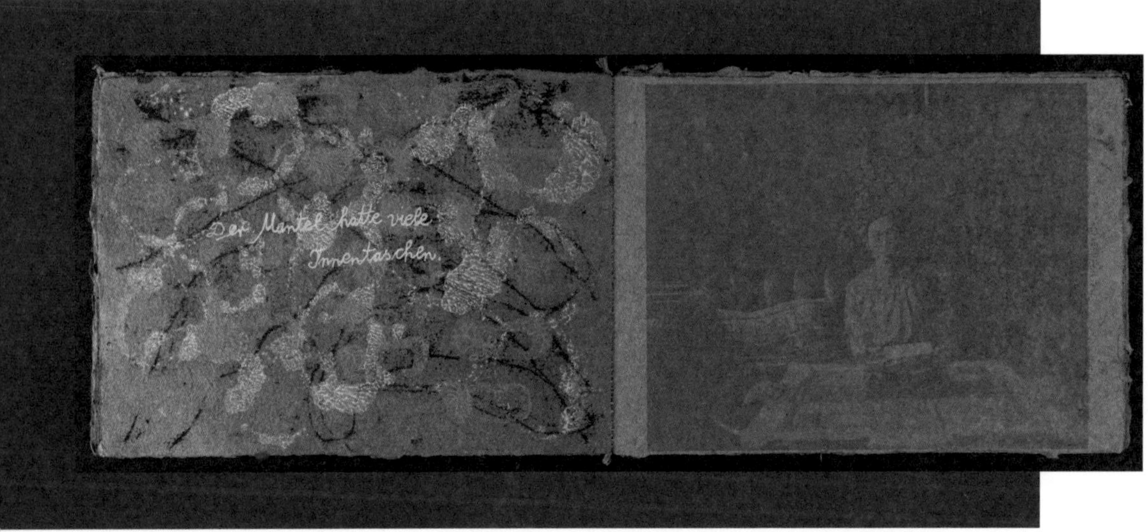

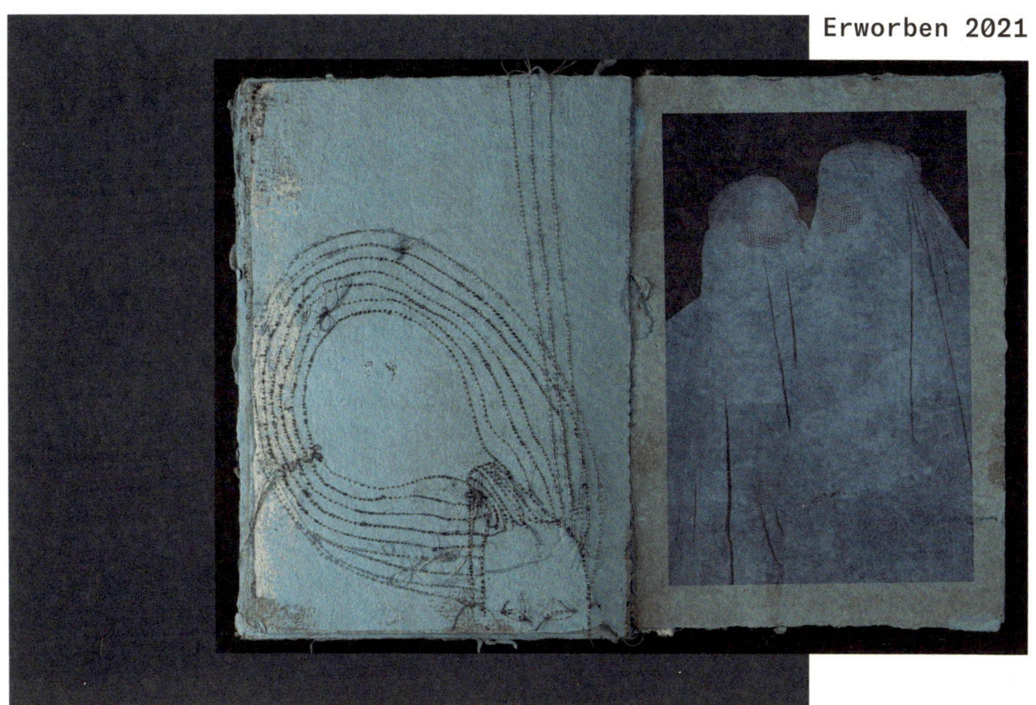

einem Text der Künstlerin. Sie schildert eine Situation, wie es diese in vielen Familien geben könnte – Menschen sitzen zusammen, sie essen und trinken gemeinsam und immer wieder kommt eine Geschichte auf, die sie alle miteinander verbindet. In diesem Fall ist es die Geschichte von einem Mann im schwarzen Mantel, der regelmäßig an einer belebten Straßenecke anzutreffen war: »Er öffnete den Mantel. Weit hielt er die Innenseiten nach Außen. Der Mantel hatte viele Innentaschen. In den Innentaschen waren Bücher. Die Bücher, die verboten waren«. Die Künstlerin ergänzt: »Ich stelle mir vor, alle Bücher in den vielen Innentaschen waren die Bücher der verbotenen Autorinnen, Dichterinnen, Schriftstellerinnen, Künstlerinnen«.

Das zweite Buch »Erinnerungen hellblau« ist Nadia Anjuman gewidmet. Auf der ersten Seite des hochformatigen Buches aus hellblauem Papier ist die deutsche Übersetzung eines Ghasels – einer arabischen Gedichtform – von Nadia Anjuman in der Handschrift der Künstlerin wiedergegeben. Auf den folgenden Seiten finden sich mit der Nähmaschine genähte Elemente, eine Anlehnung an den »Nähzirkel von Herat«: Genähte Linien formen aus Köpfen hervortretende Strukturen als Assoziationen an frei fließende Gedanken und Ideen. Sie enden mit dem Bild zweier Frauen in hellblauen Burkas. Die Kreativität verschwindet unter der Verschleierung. Auf der letzten Seite erinnert Carola Willbrand in einer kurzen Biografie an Nadia Anjuman.

Die drei Elemente des Künstlerbuches »Käfig« vereinen sich durch die Verhüllung. Dabei verhüllt die Stola nicht nur die in den Innentaschen verborgenen Bücher, sie hat gleichzeitig performativen Charakter. Die schwarze Stola um die Schultern gelegt, wird man selbst zum Mann im schwarzen Mantel, mit den verborgenen Büchern in den Taschen und den Namen der verbotenen Autorinnen auf dem Rücken. Man wird aber auch zu einer der Frauen, die unter dem schwarzen Stoff verschwinden.

Sarah Janke und
Alexandra Serjogin

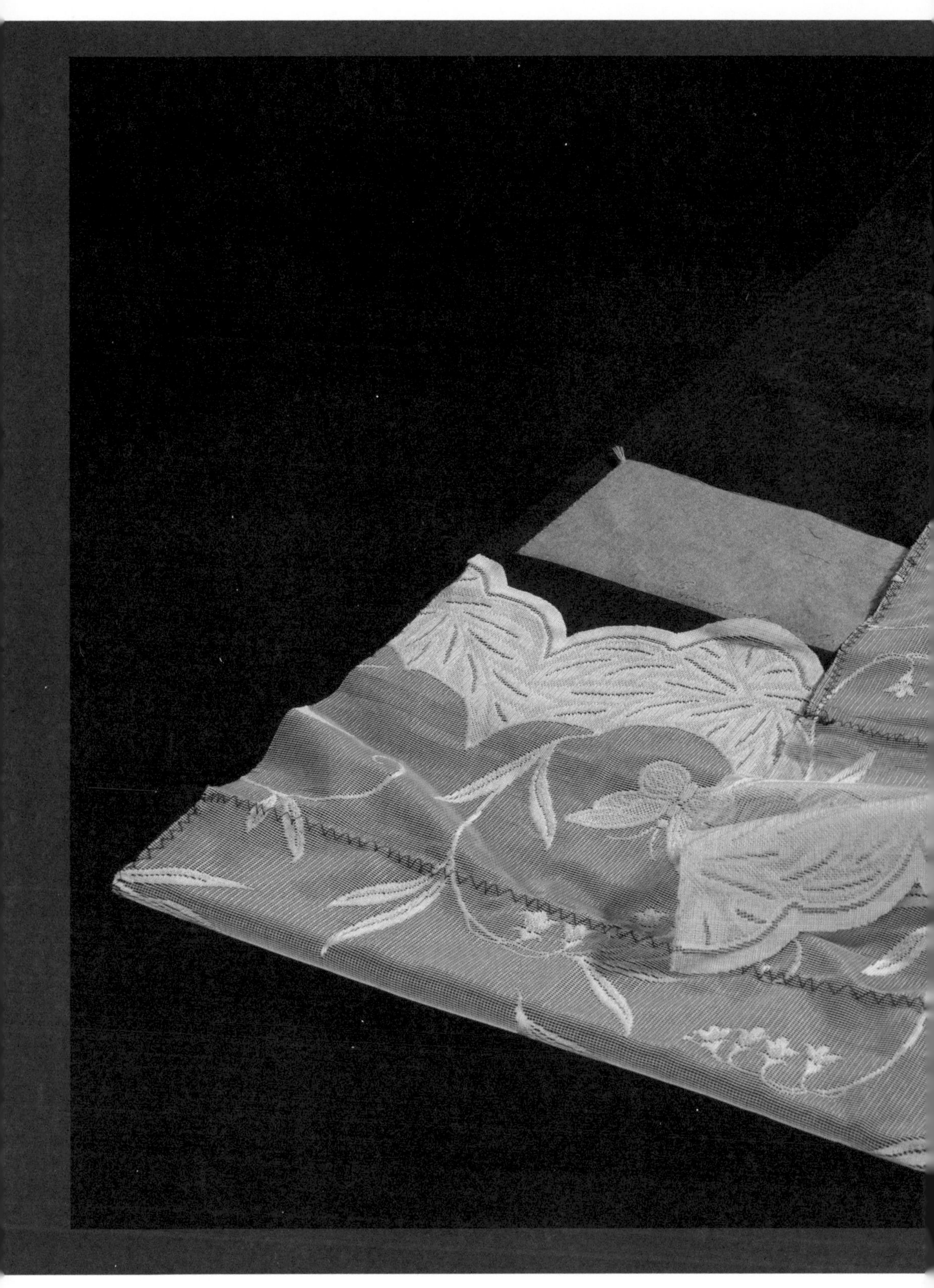

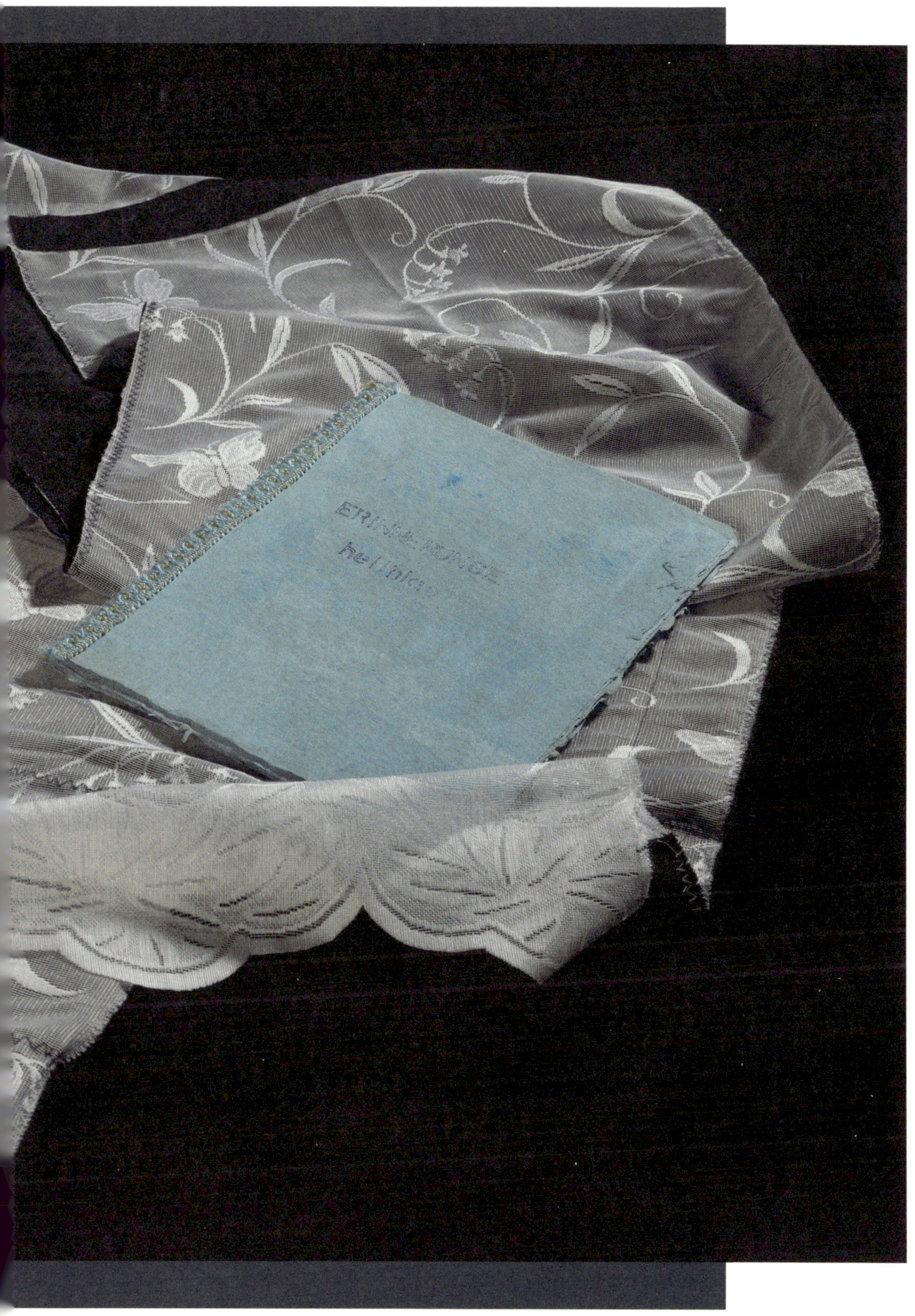
ERINNERUNGE

THORSTEN BAENSCH

Boush Musa, From Darfur to Brussels

2020

Thorsten Baensch (geb. 1964) ist Künstler und Verleger der Edition Bartleby in Brüssel. Seine Künstlerbücher beleuchten meist alltägliche und sozialpolitische Themen. Gemeinsam ist allen seinen Büchern eine gestalterische und konzeptionelle Präzision, ausgeführt mit einfachen Mitteln wie Fotokopie oder Computerdruck. Ergänzt werden die Bücher durch Dokumentationsmaterial, das in dem von ihm geschaffenen Zusammenhang keinerlei wei-

Erworben
2021

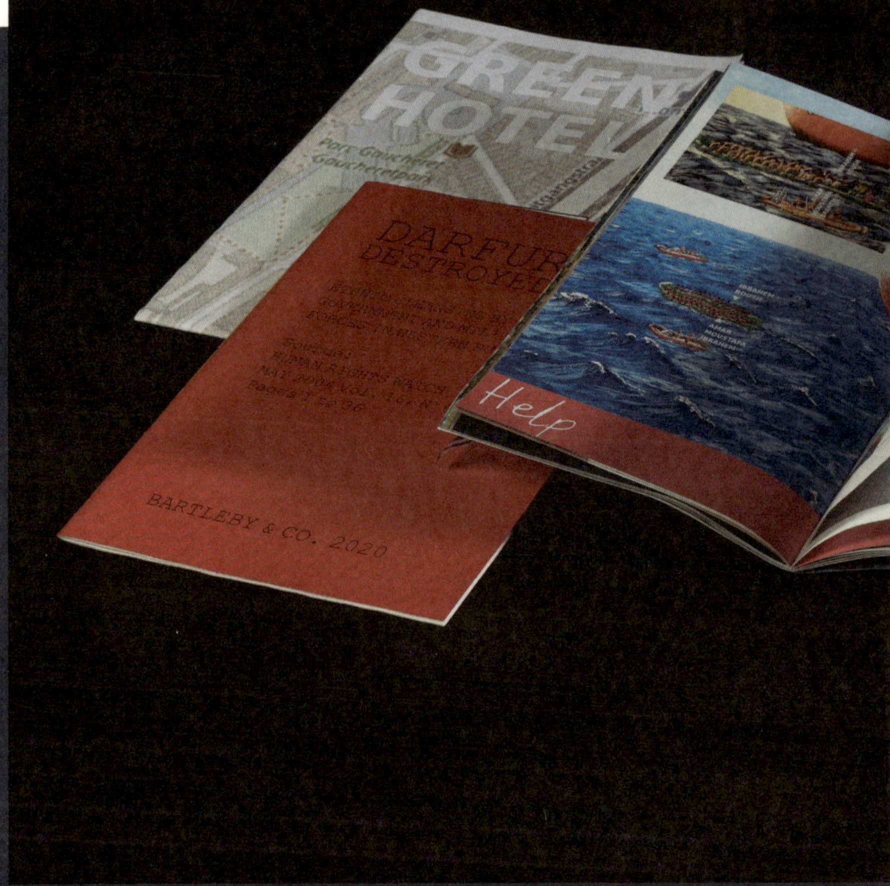

teren Kommentar benötigt und sowohl in der ästhetischen Fassung wie auch in der Konzeption einen unmittelbar künstlerischen Stellenwert einnimmt. Die Zusammenstellung, meist in einfachen Kartonboxen, ergibt einen ganz eigenen, sich ohne weitere Vermittlung mitteilenden Kosmos – wie hier die Geschichte eines afrikanischen Malers, Boush Musa, der seine Flucht von Darfur und sein heutiges Leben in Brüssel malend dokumentiert. Vermittelt und herausgegeben wurde die Edition »FROM DARFUR TO BRUSSELS« durch seinen Brüsseler Freund Marc Senden.

Thorsten Baensch beschreibt die Begegnung und Entstehung des Buches wie folgt: »Die Edition ›FROM DARFUR TO BRUSSELS‹ ist das Ergebnis einer Begegnung. Mein früherer Nachbar Marc Senden wohnt in einem Hochhaus, das den Parc Maximilien im Brüsseler Quartier Nord überblickt. Von seinem Balkon in der 12. Etage schaut er direkt auf diesen Treffpunkt für Flüchtlinge in der Nähe des Nordbahnhofs. Von der Not, die er dort seit vielen Jahren täglich sieht, hat er nicht seine Augen abgewendet, im Gegenteil, er engagiert sich in der Flüchtlingshilfe und beherbergt regelmäßig wohnungslose Menschen«.

Boush Musa und Marc Senden hatten einander zum ersten Mal im Frühjahr 2019 getroffen. »Als Boush das erste Mal zu mir nach Hause kam, bat ich ihn, an der 55C zu klingeln, damit ich die Tür vom 12. Stock aus öffnen konnte«, erzählt Marc Senden. »Als er ankam, rief er mich an und sagte, ich solle runterkommen und ihn an der Tür abholen. Ich ging hinunter, aber ich sah Boush nicht. Er stand ein Stück weiter auf der anderen Straßenseite. Als ich ihn fragte, warum er so weit weg

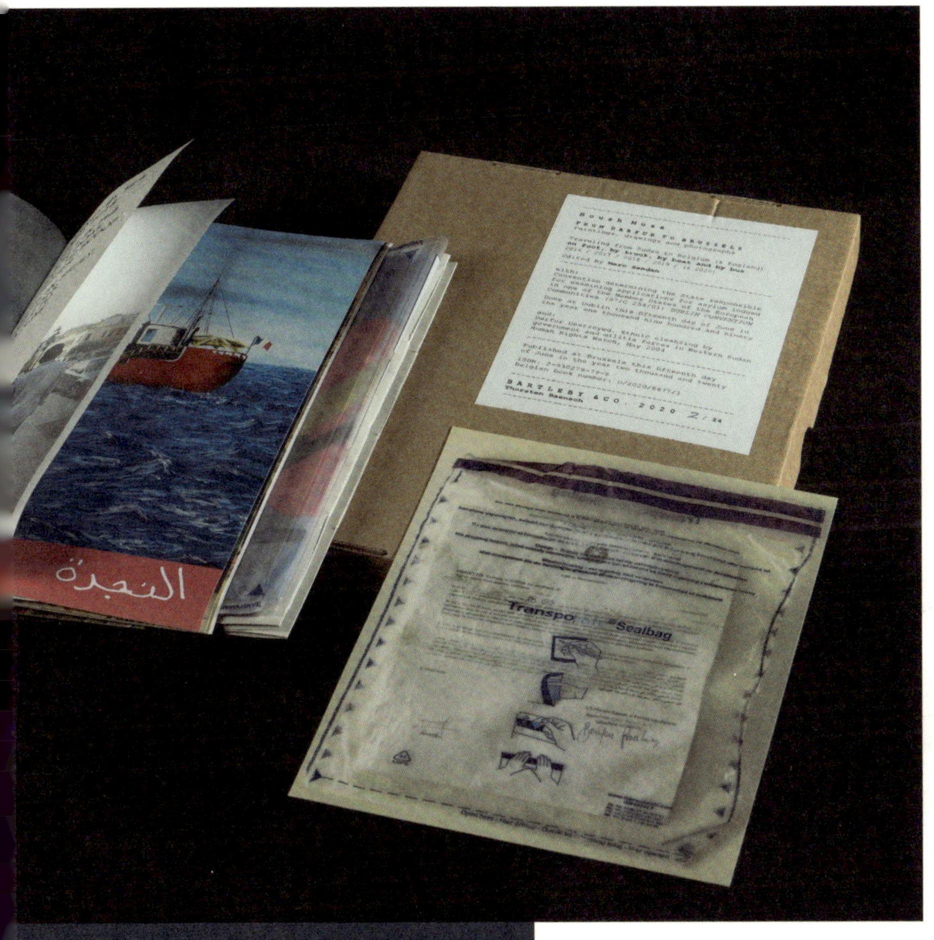

stehe, sagte er: Vielleicht rufen die Leute die Polizei, wenn ich vor der Eingangstür deines Gebäudes stehe. Offenbar hatte er Angst, dass die Anwohner im öffentlichen Raum vor dem Gebäude nicht gastfreundlich sein würden. War sein Gefühl gerechtfertigt? An einem Sonntagmorgen hörte ich im Maximilianpark neben unserem Haus eine Frau schreien und brüllen. Ich öffnete das Fenster, um zu sehen, was da los war. Sie schrie die Leute an, die dort schliefen. Sie schrie sie viele Minuten lang an. Sie sollten gehen, sagte sie: Demain matin vous êtes tous partis d'ici ! ... d'accord? (Morgen früh seid ihr alle weg! ... Okay?)«. Die Flüchtlinge schliefen und schlafen im öffentlichen Raum, ohne etwas Schlechtes oder Falsches zu tun. Warum glaubt jemand, er habe das Recht, den öffentlichen Raum zu kontrollieren? Vielleicht betrachten die Menschen den öffentlichen Raum in der Nähe ihrer Häuser nach einer gewissen Zeit als eine Erweiterung ihres privaten Raums. Offizielle Flüchtlingsunterkünfte gibt es kaum.

Aus der ersten Begegnung von Marc Senden und Boush Musa hat sich eine vertrauensvolle Freundschaft entwickelt, aus der schließlich dieses Buch entstehen konnte. Marc Senden kannte den Künstler und Verleger Thorsten Baensch schon lange und wusste, dass er für seine Künstlerbucheditionen ungewöhnliche, aber vor allem auch soziale Themen sucht. Sehr bald kam es zu einem gemeinsamen Treffen und dem Vorhaben, zusammen ein Buch zu machen.

Boush Musa dokumentiert seine Flucht aus dem Sudan mit großformatigen, farbigen, realistischen Gemälden und Handy-Fotos. Im heftartigen Buch werden diese Gemälde doppelseitig abgebildet und durch schmale Inserts kommentiert und erläutert. Diese Inserts zeigen die Fotos und geben einen tieferen Einblick in die Biografie von Boush Musa und seine Erlebnisse auf der vierjährigen Reise von Ostafrika nach Europa. Der unkommentierte Realismus der Malerei entwickelt eine eigene Sogkraft,

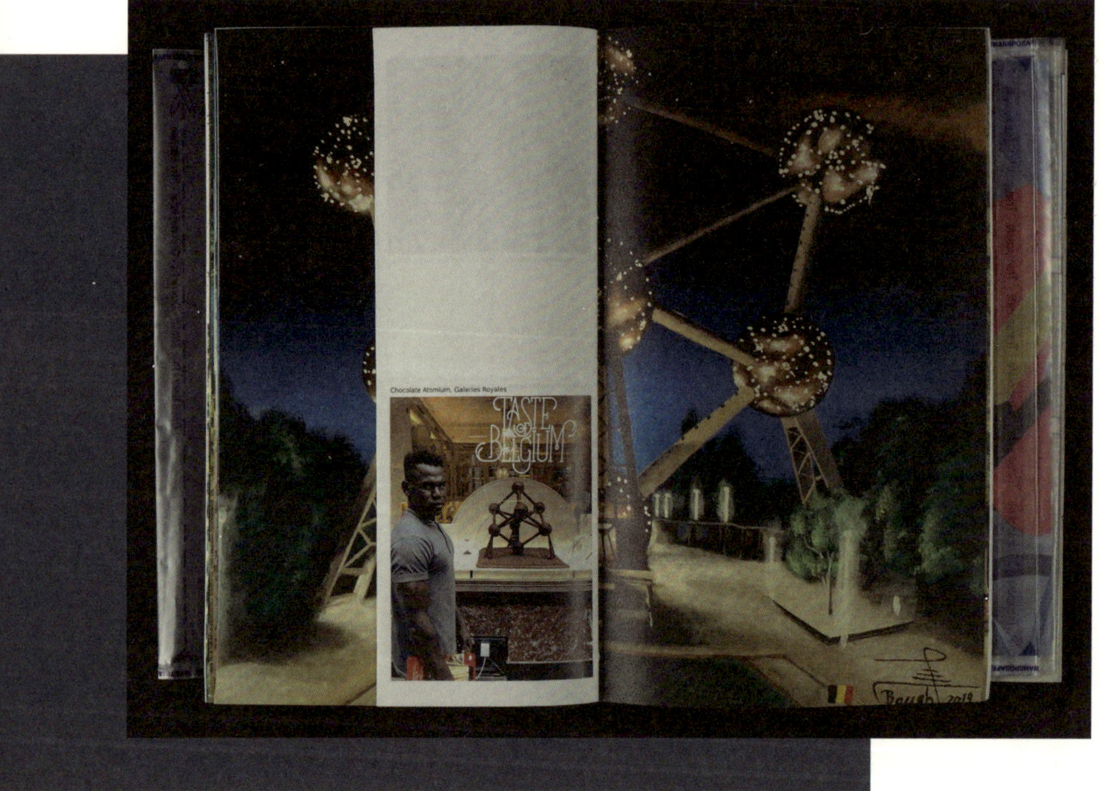

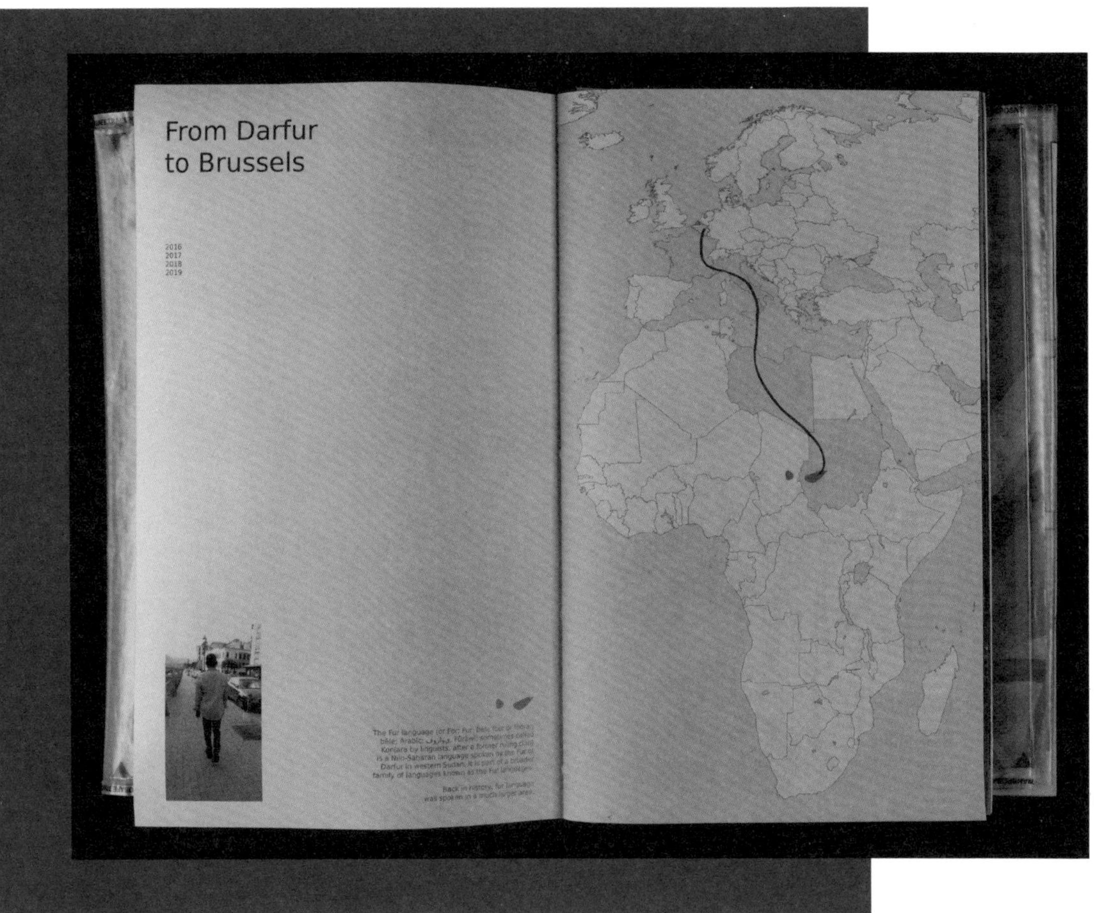

ein Sichabwenden ist kaum möglich. Das wird noch verstärkt durch die beigelegten Dokumente: So durch einen gefalteten Stadtplan des Brüsseler Quartier Nord, auf dem der von den Flüchtlingen pejorativ als »Green Hotel« bezeichnete Park das Zentrum bildet. Sie sind dort mehr schlecht als recht geduldet, von einer angemessenen Flüchtlingsunterkunft kann keine Rede sein. Auf einem Poster ist das Gemälde »Dublin Guy« abgebildet. Es ist in eine Plastiktüte (Sealbag) eingelegt. Diese Plastiktüten werden den Flüchtlingen ausgehändigt, die im Mittelmeer aus Seenot gerettet wurden. Ein Faksimile von Boushs Sealbag mit dem Ankunftsdatum 16.9.2018 ist ebenfalls Teil der Edition. Ergänzt wird das Buch vom Text des Dubliner Vertrages vom 19.8.1997, der die Aufnahme von Asylsuchenden in der Europäischen Union regelt. Der Text »Darfur Destroyed« von Human Rights Watch (Mai 2004) beleuchtet die politischen Hintergründe, den Genozid, die Boush veranlasst haben, seine Heimat zu verlassen.

Die Edition erschien in einer Auflage von 24 Exemplaren in Anlehnung an Boushs Alter im Jahr 2020. All diese Dokumente und Bilder unkommentiert in einem Künstlerbuch zusammenzufügen und diese gesamte Box zu einer sich selbst vermittelnden Welt zu machen, ist die Qualität dieser so politischen Arbeit. Keine Fiktion und keine Dramatisierung sind nötig. Kein »wir haben es nicht gewusst« ist möglich.

Susanne Padberg

Autor*innenverzeichnis

Peter Burschel ist seit 2016 Direktor der Herzog August Bibliothek Wolfenbüttel.

Sarah Janke ist seit 2013 Mitarbeiterin der Herzog August Bibliothek, koordiniert das Projekt Künstlerbuchpreis und betreut gemeinsam mit dem Direktor das Fachreferat Künstlerbücher.

Marie von Lüneburg ist Geschäftsführerin im Verband der Historiker und Historikerinnen Deutschlands und war von 2016 bis 2020 Mitarbeiterin der Herzog August Bibliothek.

Jürgen May ist Künstler und Kunstpädagoge und war von 2019 bis 2022 Mitarbeiter der Herzog August Bibliothek.

Susanne Padberg führt die Galerie DRUCK & BUCH in Wien und begleitet seit vielen Jahren die Künstlerbuchsammlung der Herzog August Bibliothek.

Alexandra Serjogin ist seit 2018 Mitarbeiterin der Herzog August Bibliothek und zuständig für die Wissenschaftskommunikation mit Schwerpunkt digitale Medien.

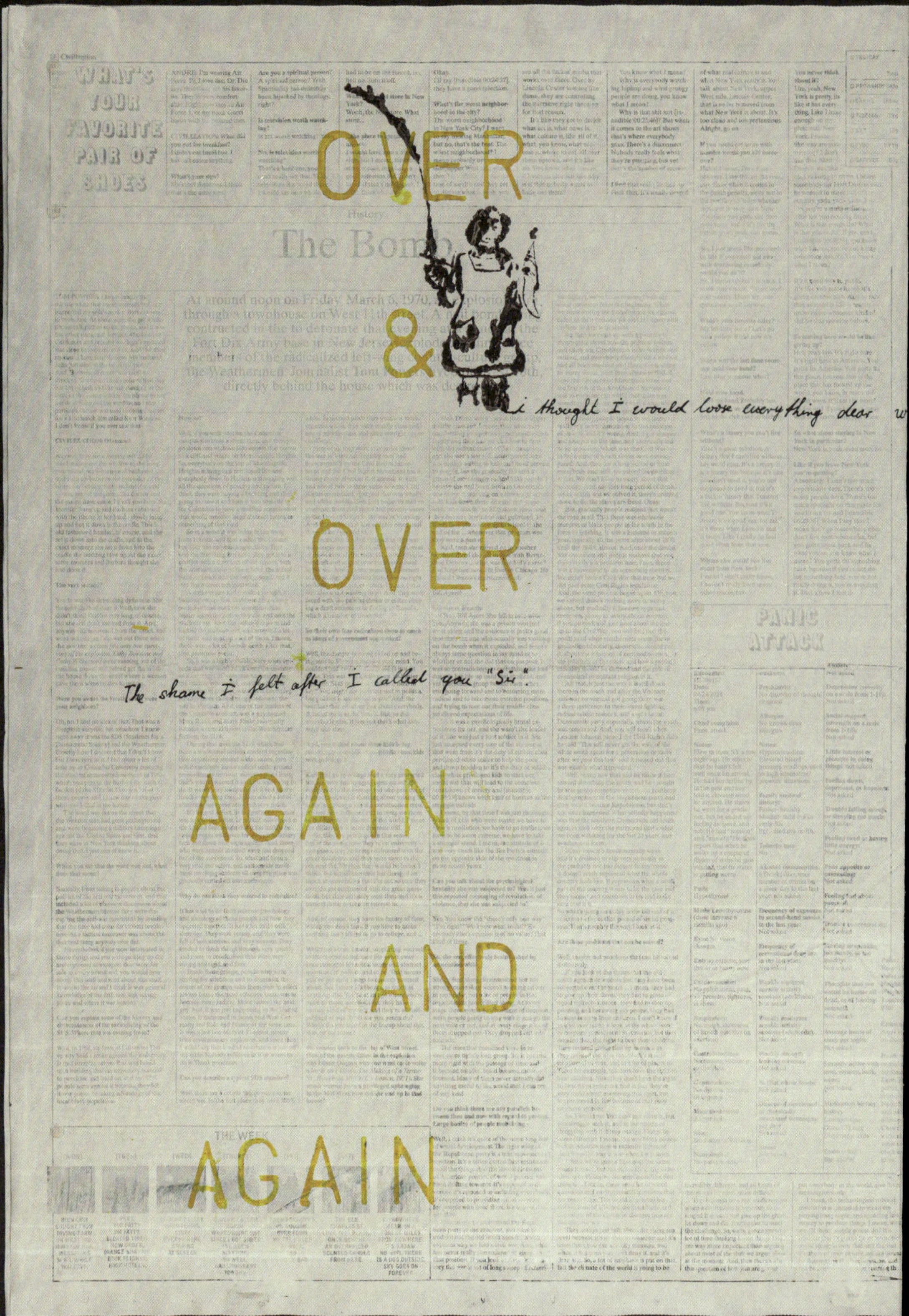

WHAT'S YOUR FAVORITE PAIR OF SHOES

OVER

History

The Bomb

&

i thought I would loose everything dear

OVER

The shame I felt after I called you "Sir".

PANIC ATTACK

AGAIN

AND

THE WEEK

AGAIN

Photo by Ri[illegible] Kern

DESCRIBE YOUR VIEW

Beyond my computer screen, I'm looking at a [illegible] the right side [illegible]

slapping hand struck.

DISORDER

OF

THOUGHT

It was easier to betray myself

AGAIN again

They're gonna [illegible] it to [illegible]k the way they always do. [illegible]ould say we should expect what [illegible] now, only more. But, at the [illegible] that people will become [illegible]ghly conscious, better educated, [illegible]ware of what's going on around [illegible]o, I mean it's gonna be a very [illegible]citing mix. I'm not going to see [illegible] deal more of it, but I expect it [illegible]. If you ask yourself what it's [illegible] be like in the future, just take

[illegible] convenient nu[illegible] what's it gonna b[illegible] from now? Wh[illegible] number to a [illegible] think it there is [illegible] world? Well, of course there's gonna be a world. Where's it gonna go? And, it's gonna be different but it's gonna be different in the [illegible] continuum that it's [illegible] I don't think it's gonna be radically changed ©

Bildnachweis

Abb. auf S. 8: Robbin Ami Silverberg: Rondo, 2009
Abb. auf S. 78/79: Beldan Sezen: Wetrocities, 2018

Alle weiteren Abbildungen stammen aus den in den jeweiligen Beiträgen behandelten Künstlerbüchern.

Das Urheberrecht für die Künstlerbücher liegt bei den Künstler*innen, die Fotos der Buchobjekte fertigte die Herzog August Bibliothek an.